STEP 2

손으로 생각하는 사고력 수학 시리즈

# 챌린지 CHALLENGE

폴리아몬드

# 몬스터매스 챌린지의 활용법

폴리아몬드를 활용하여 수학의 5대 영역(수와 연산, 도형, 측정, 자료와 가능성, 규칙성)의 내용을 골고루 학습합니다.

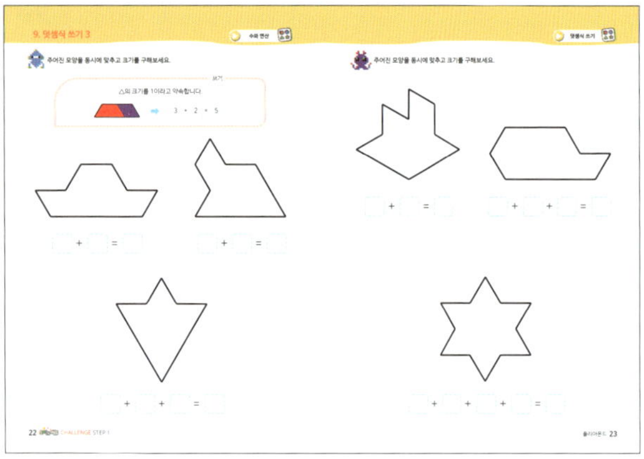

폴리아몬드의 수학적 의미에 대한 스토리는 아이들에게 흥미를 이끌어내도록 합니다.

아이들의 흥미를 위해 놓아보기( ), 색칠하기( ), 연필로 그려보기( ) 등 다양하게 활동하도록 합니다.

티칭 가이드를 통해 주제에 따른 학습 내용과 지도에 대한 팁을 활용합니다.

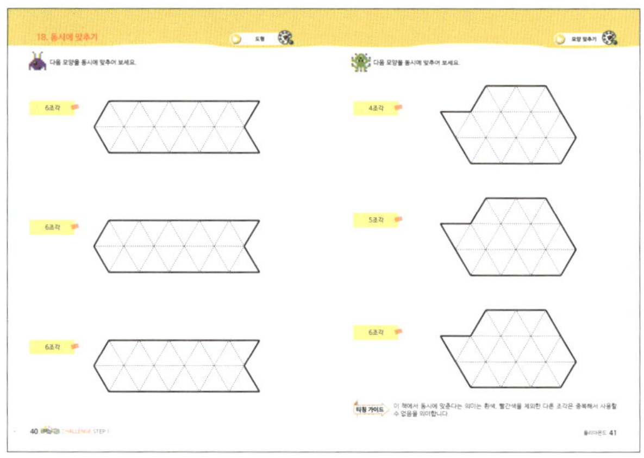

## 학습효과

1. 수학의 5대 영역에 대하여 폭넓게 익히고, 경험할 수 있습니다.
2. 특히 영재성의 기본인 공간지각력을 키우고, 공간 구조를 익힐 수 있습니다.
3. 어려운 문제를 해결해냄으로써 성취감을 높여줍니다.
4. 문제 해결을 위한 전략적인 사고는 생각하는 힘을 길러줍니다.

# CONTENTS



너무 재미있겠다~
빨리 빨리
시작해요~

STORY

# 폴리아몬드 이야기

폴리아몬드(polyamonds)는 크기가 같은 여러 개의 정삼각형을 변끼리 붙여 만든 도형을 말합니다.
이때, 붙어있는 정삼각형의 개수에 따라 이름을 다르게 붙입니다.

정삼각형 1개 : 모니아몬드 (Moniamond)
정삼각형 2개 : 다이아몬드 (Diamond)
정삼각형 3개 : 트리아몬드 (Triamond)
정삼각형 4개 : 테트리아몬드 (Tetriamond)
정삼각형 5개 : 펜티아몬드 (Pentiamond)
정삼각형 6개 : 헥시아몬드 (Hexiamond)

모니아몬드(Moniamond)

다이아몬드(Diamond)

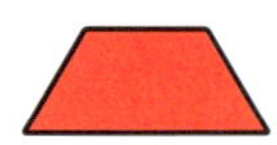
트리아몬드(Triamond)

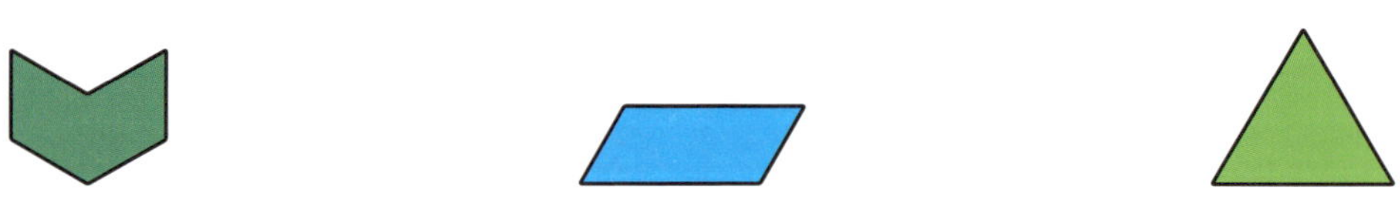
테트리아몬드(Tetriamond)

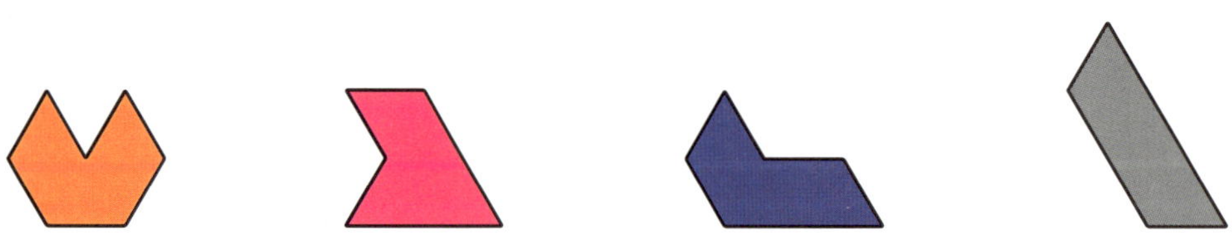
펜티아몬드(Pentiamond)

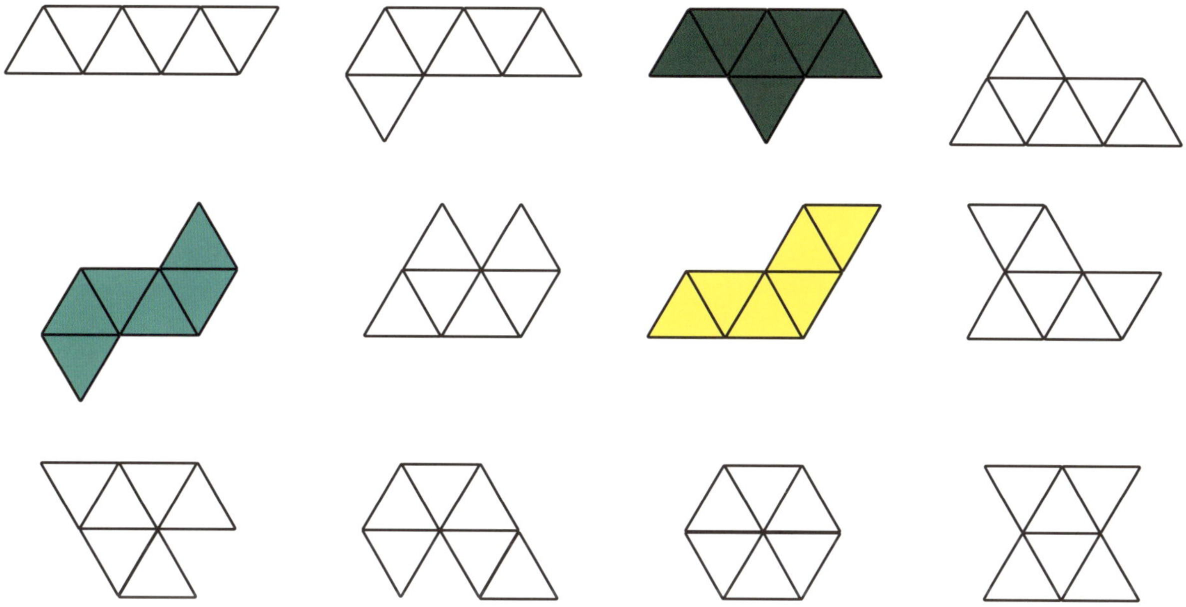

헥시아몬드 (hexiamond)

챌린지 시리즈에서는 헥시아몬드 12가지 중 3가지만 사용합니다.

폴리아몬드를 활용하여
모양 만들기 뿐만 아니라
덧셈식, 뺄셈식, 합동, 닮음, 크기, 둘레에 대하여
다양한 활동을 할 수 있습니다.
폴리아몬드의 여러 활동을 통해
집중력, 공간지각력, 문제해결력 및 창의력을 기를 수 있습니다.

## 1. 폴리아몬드 구성 알기

도형

같은 조각을 찾아 올려놓고, 이름을 정해보세요.

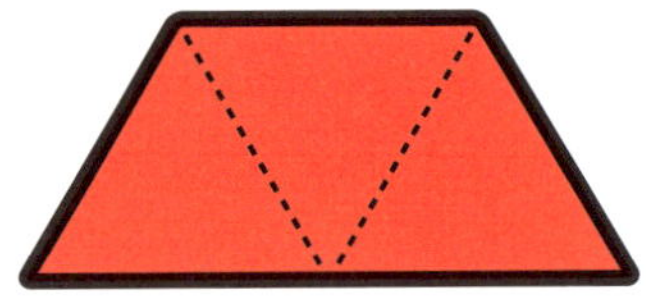

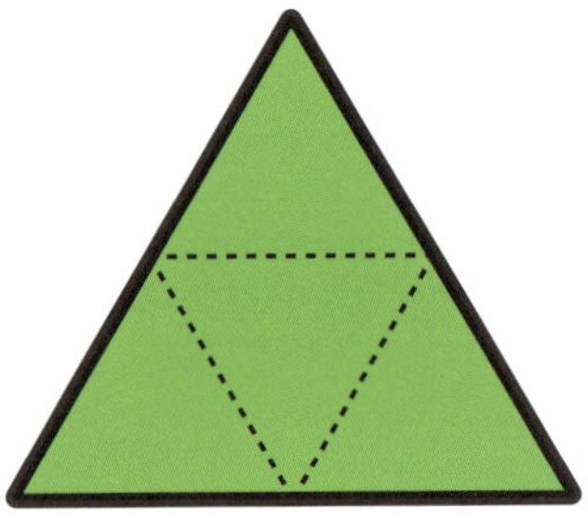

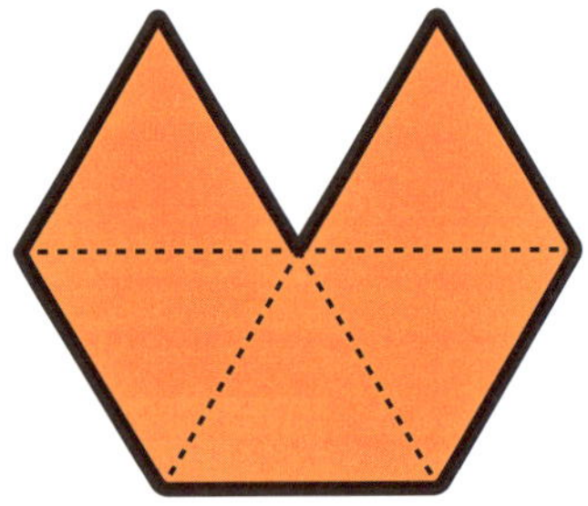

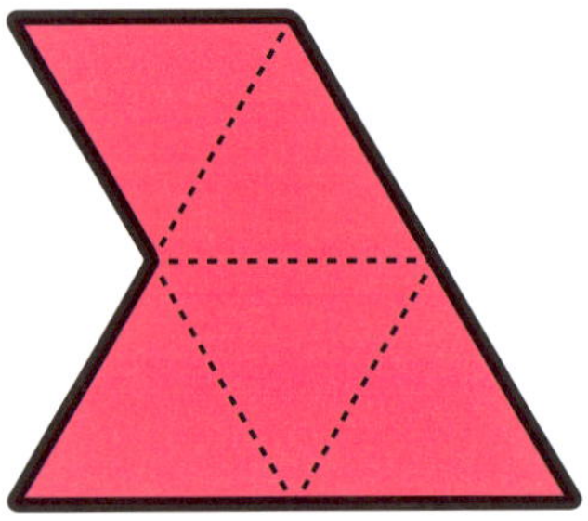

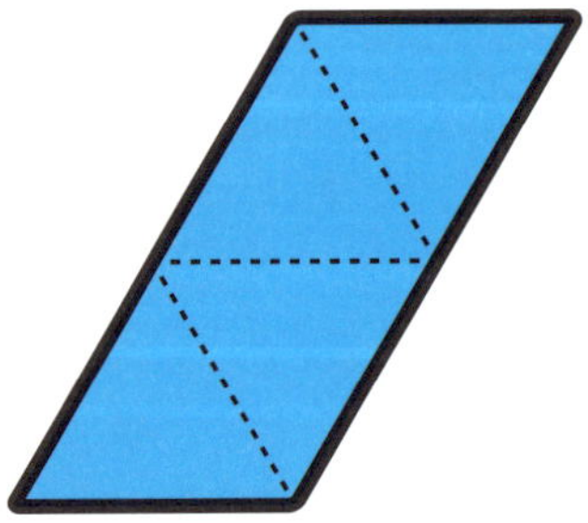

같은 조각을 찾아 올려놓고, 이름을 정해보세요.

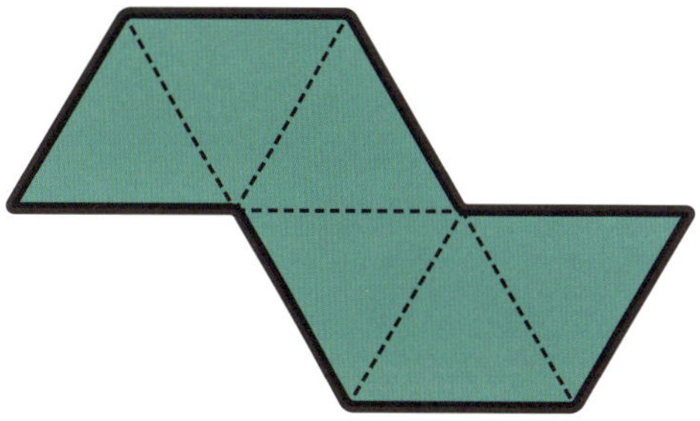

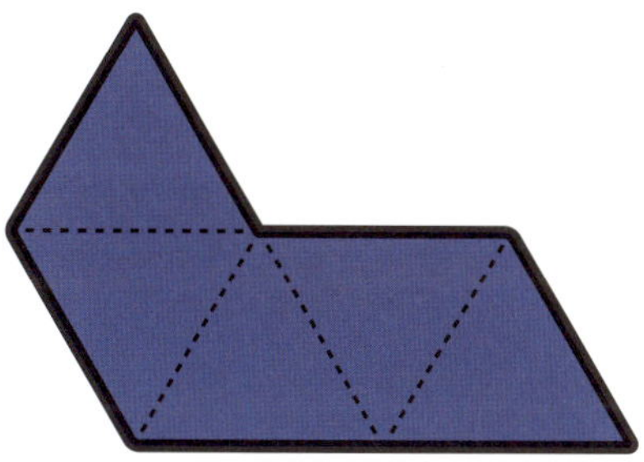

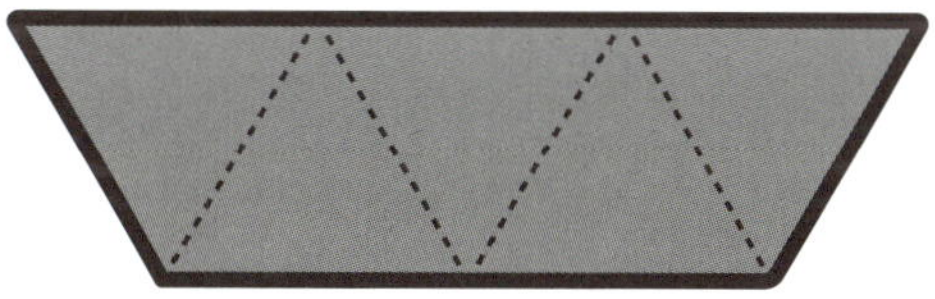

**티칭 가이드** 조각들을 보고 재미있는 이름을 지어봅니다.

## 2. 크기 약속하기

△의 크기를 1이라고 약속합니다. 다음 모양을 크기가 1인 삼각형으로 맞추고 크기를 쓰세요.

 = 1

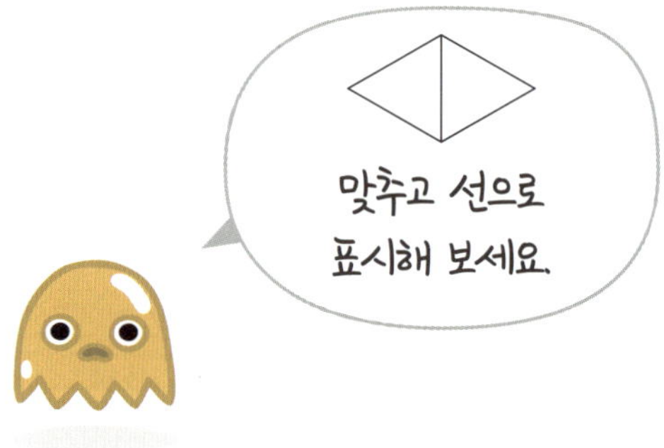

다음 모양을 크기가 1인 삼각형으로 맞추고 크기를 쓰세요.

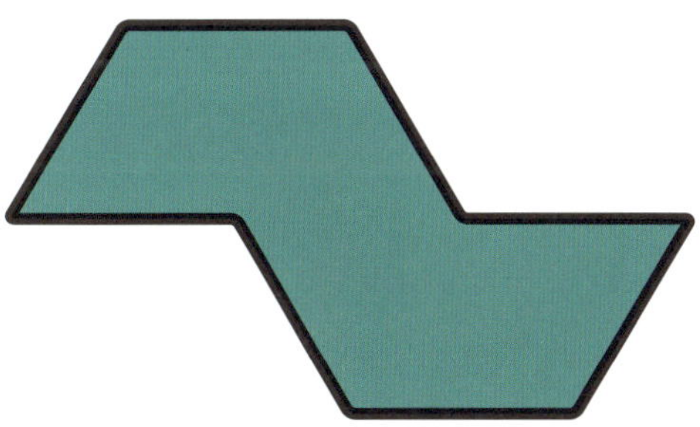

# 3. 조건에 맞게 맞추기 1



다음 모양을 조건에 맞게 맞추어 보세요.

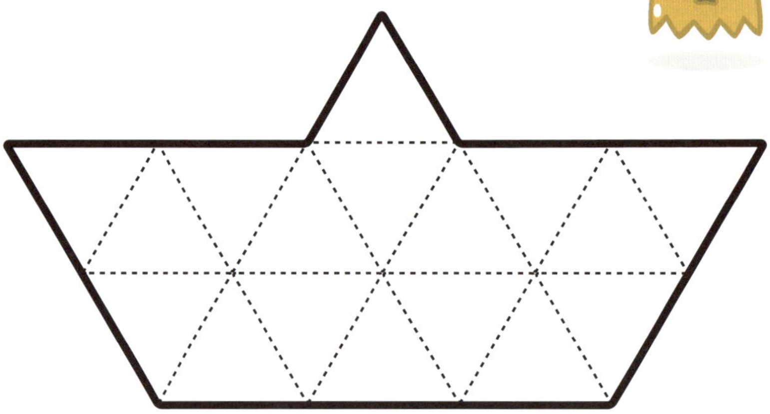

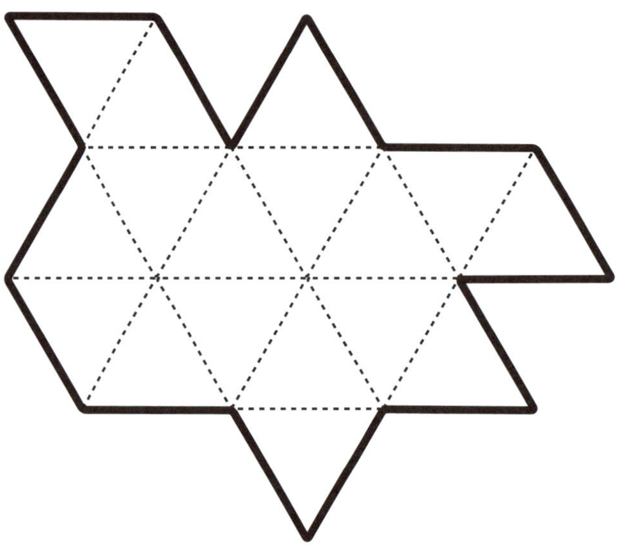

다음 모양을 조건에 맞게 맞추어 보세요.

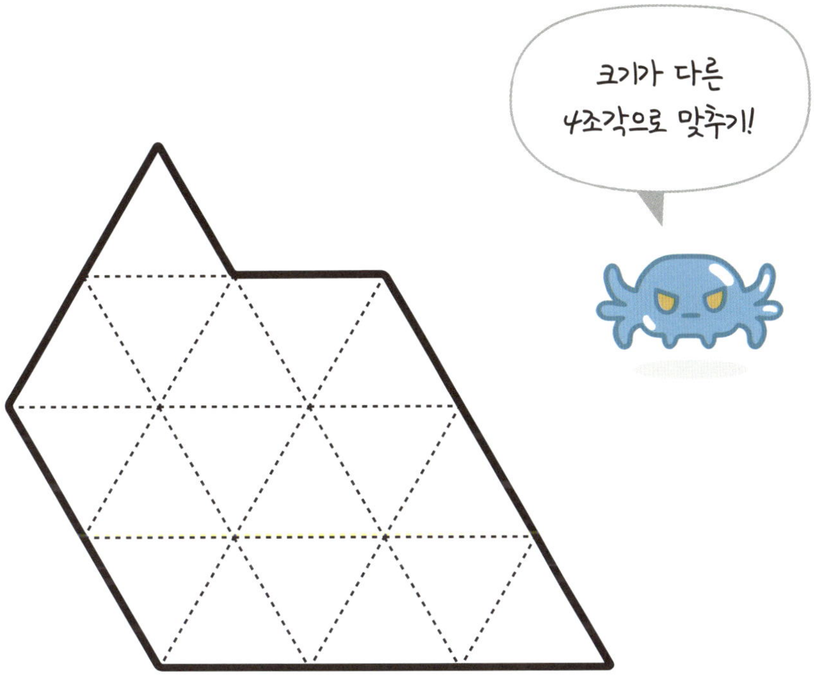


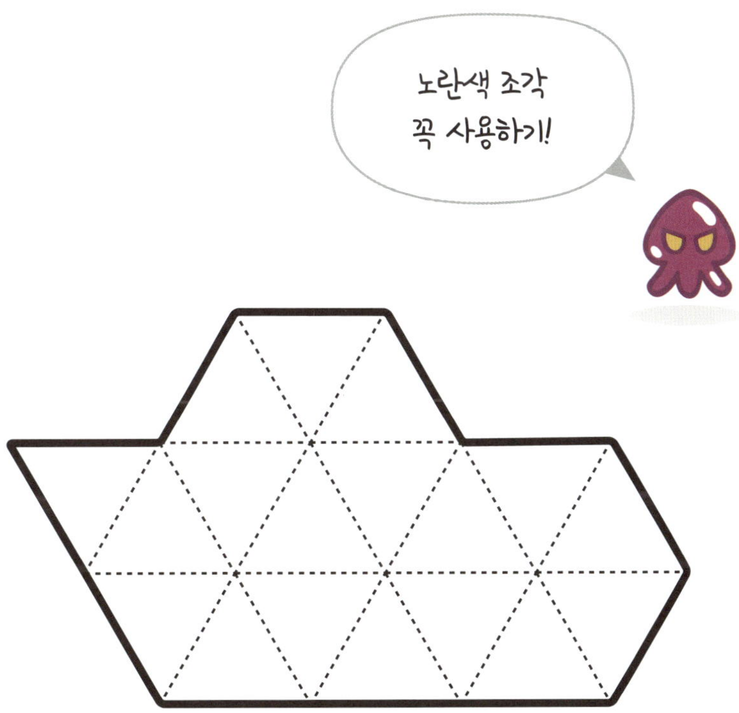

# 4. 합동인 도형 맞추기

다음 합동인 모양을 동시에 맞추어 보세요.

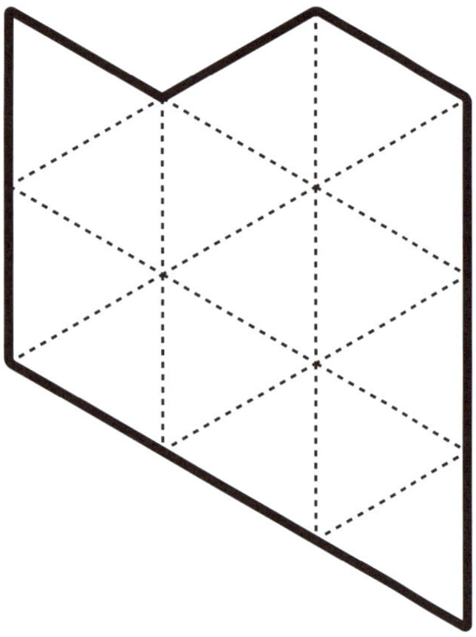

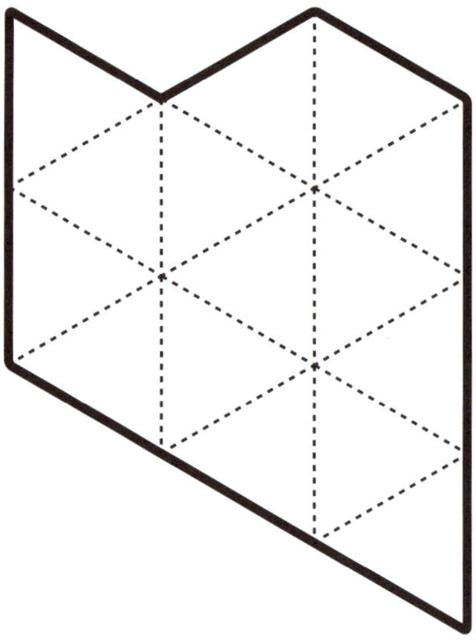

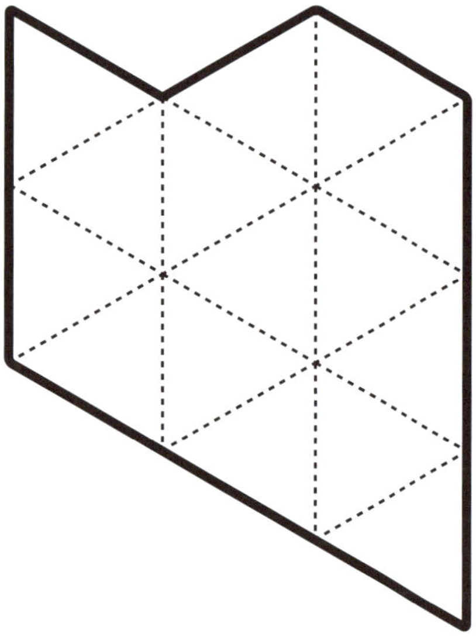

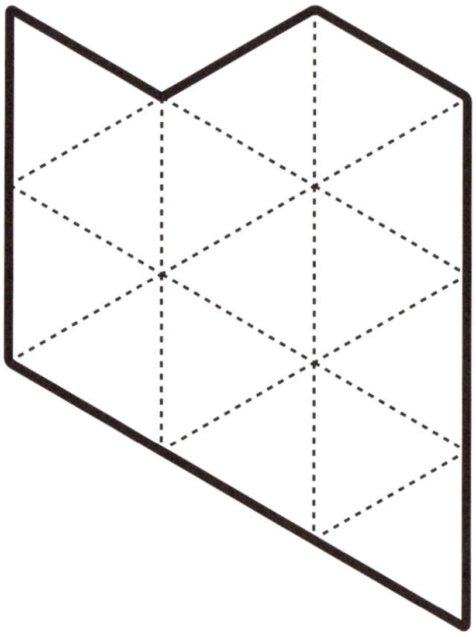

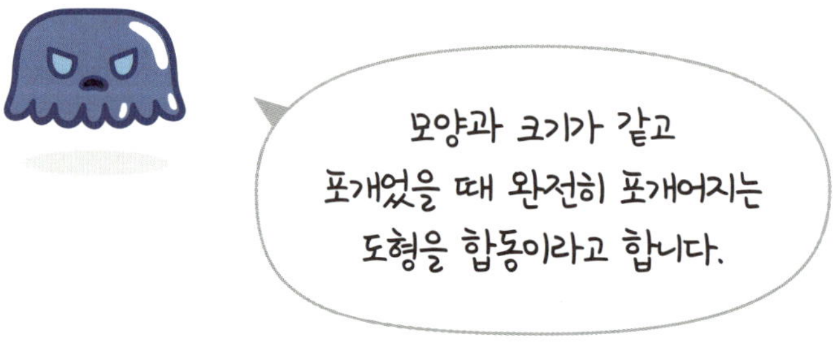

다음 합동인 모양을 동시에 맞추어 보세요.

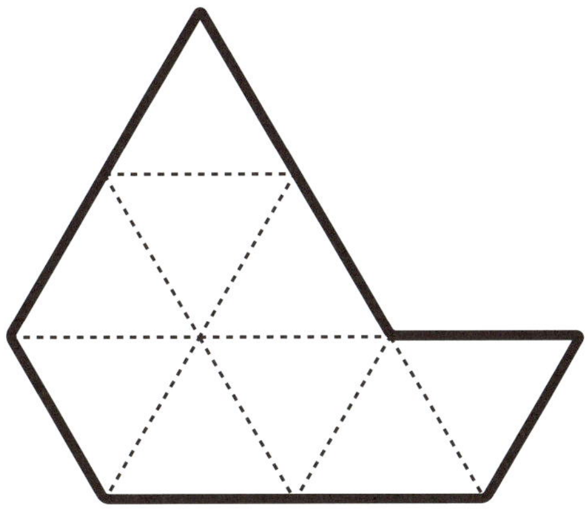

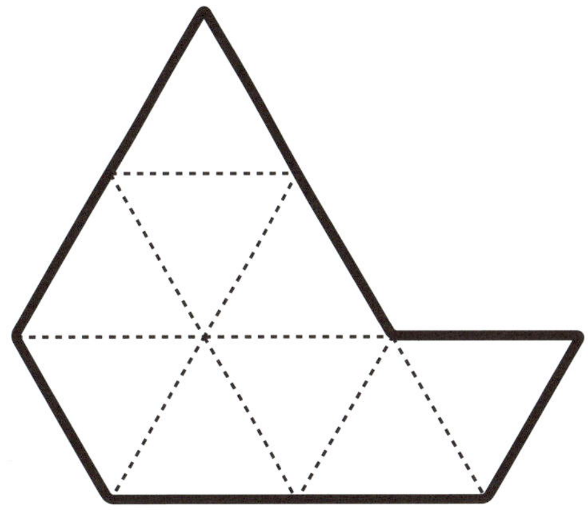

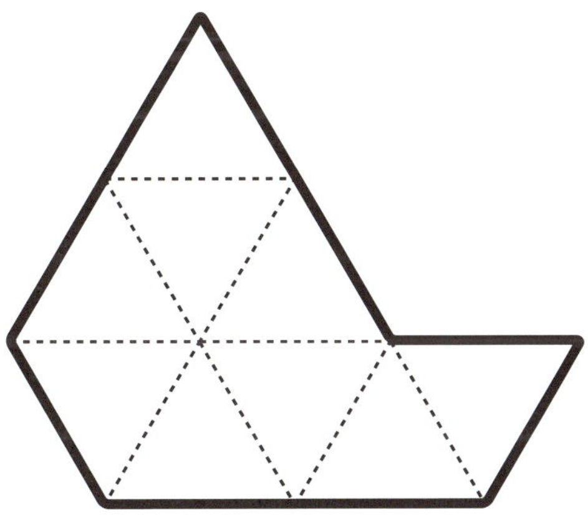

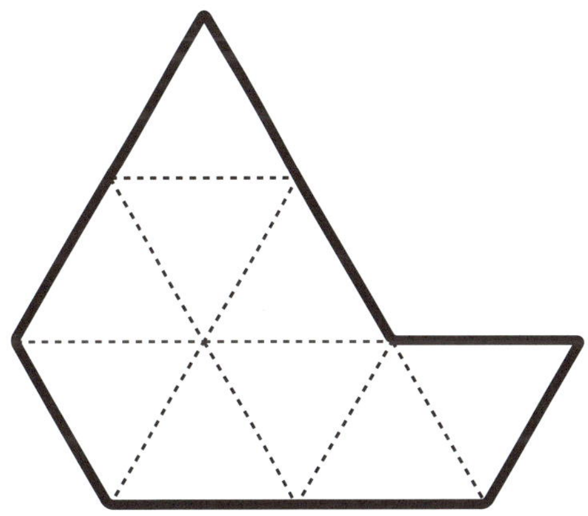

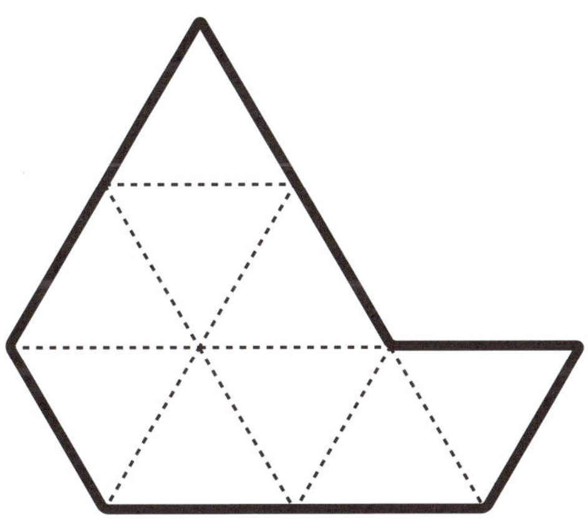

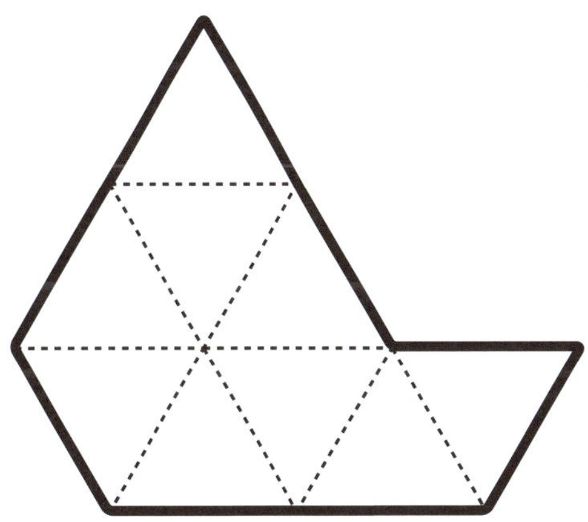

**티칭 가이드** 이 책에서 동시에 맞춘다는 의미는 흰색, 빨간색을 제외한 다른 조각은 중복해서 사용할 수 없음을 의미합니다.

㉮, ㉯에서 맞춘 조각을 사용하여 ㉰모양을 만들고 전체 크기를 덧셈식으로 써보세요.

**보기**

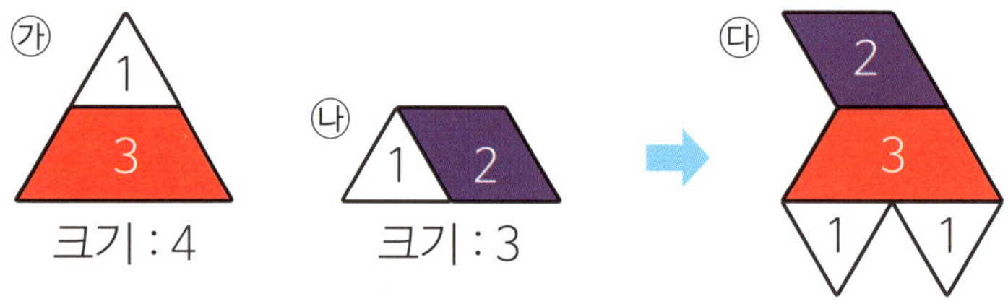


크기 : 4　　크기 : 3　　크기 : 7

덧셈식 : 1 + 1 + 2 + 3 = 7

* 덧셈식을 쓸 때, 크기가 작은 것부터 씁니다.

㉮

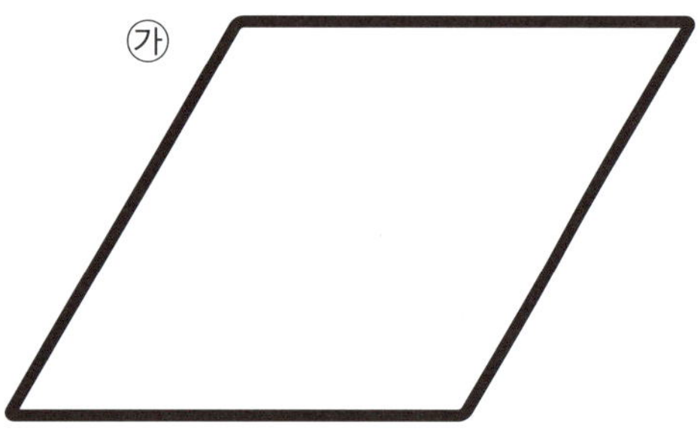

㉯

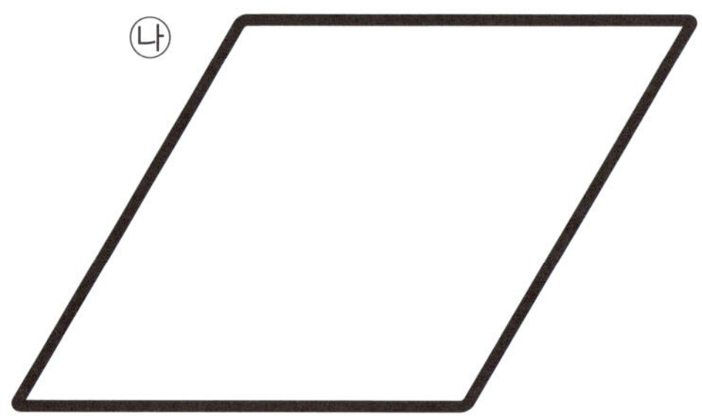

㉰

덧셈식 : ☐ + ☐ + ☐ + ☐ = ☐

㉮, ㉯에서 맞춘 조각을 사용하여 ㉰모양을 만들고 전체 크기를 덧셈식으로 써보세요.

㉮

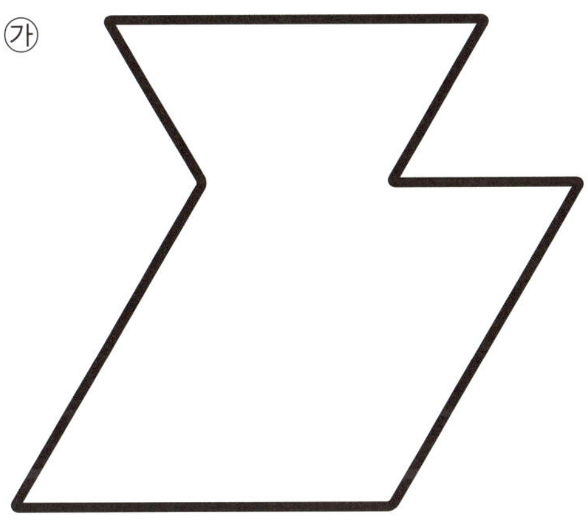

㉯

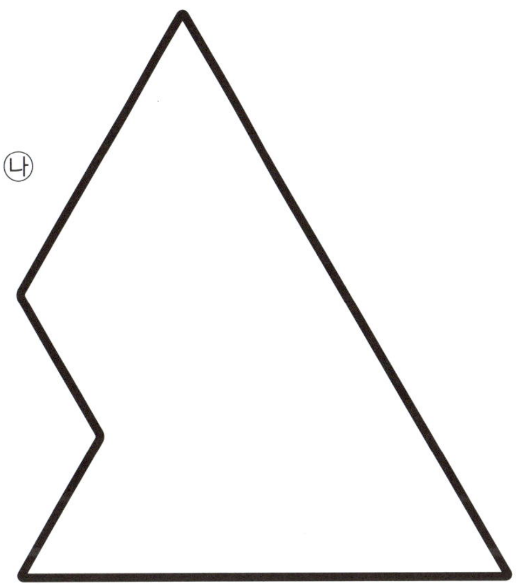

㉰

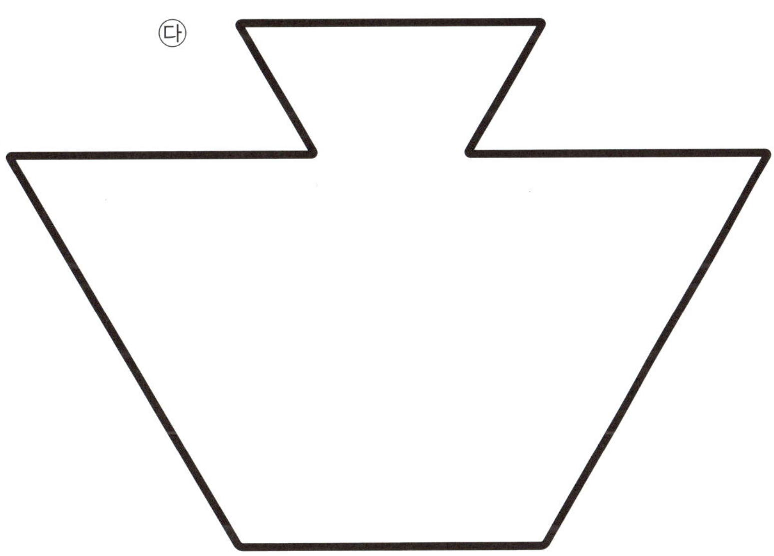

덧셈식 : □ + □ + □ + □ + □ = □

# 6. 덧셈식 만들기 2

수와 연산

㉮, ㉯에서 맞춘 조각을 사용하여 ㉰모양을 만들고 전체 크기를 덧셈식으로 써보세요.

㉯

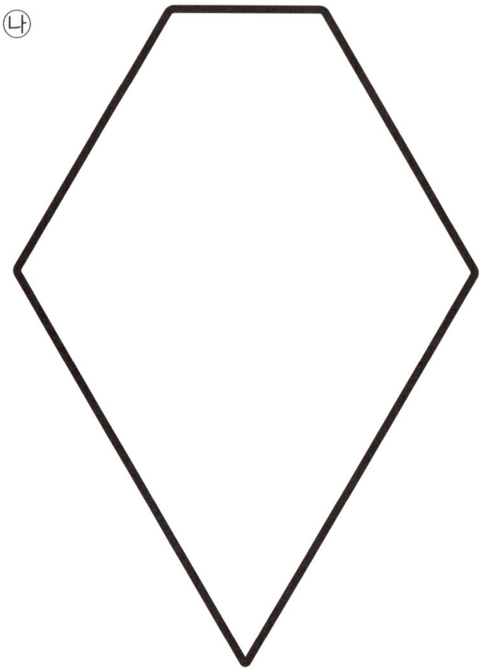

㉮

㉰

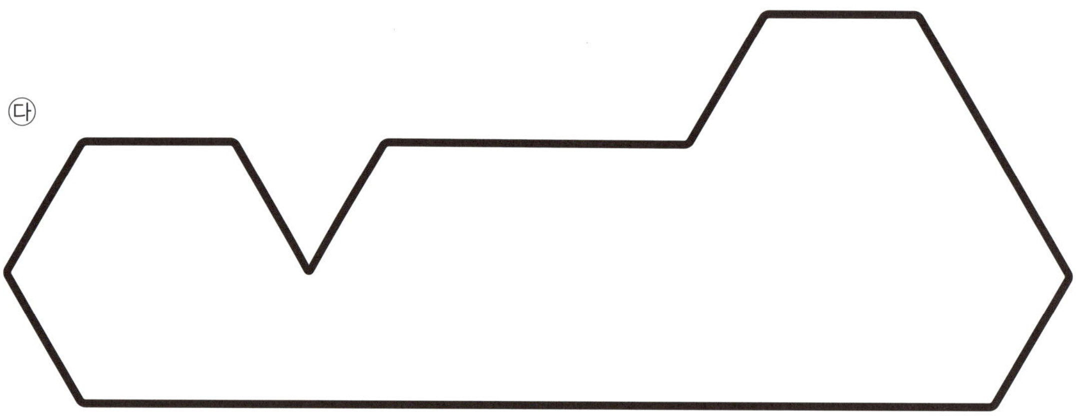

덧셈식 : □ + □ + □ + □ + □ + □ = □

㉮, ㉯에서 맞춘 조각을 사용하여 ㉰모양을 만들고 전체 크기를 덧셈식으로 써보세요.

㉮

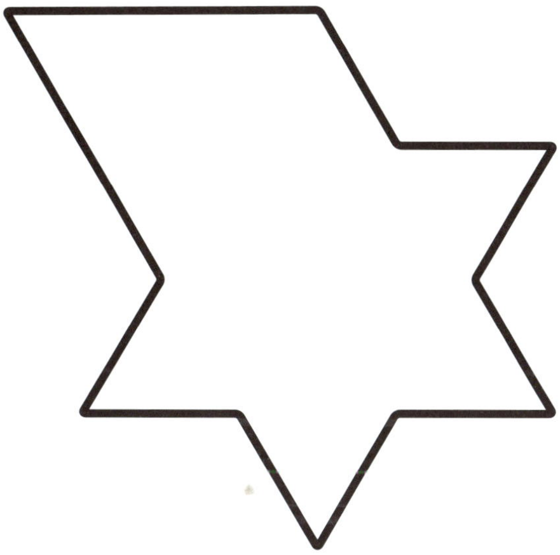

㉯

㉰

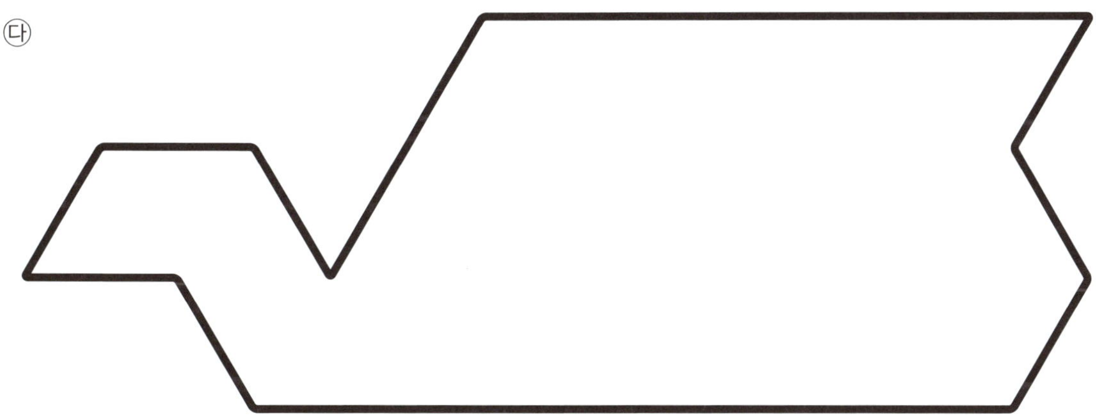

덧셈식 : □ + □ + □ + □ + □ + □ + □ = □

다음 모양을 조건에 맞게 맞추어 보세요.

크기가
4, 5, 6인 조각만
사용하기!

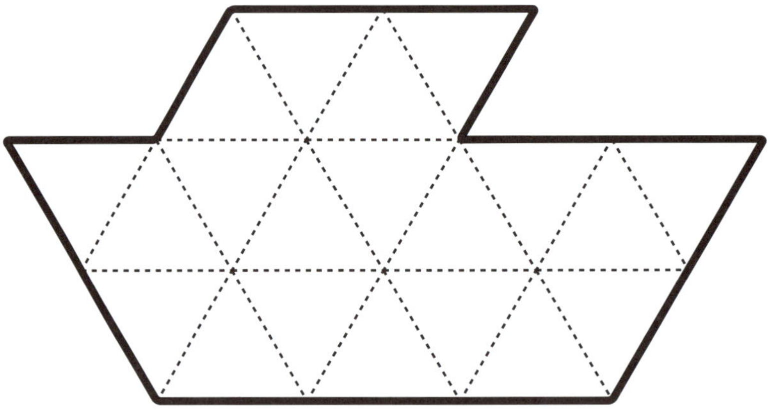

크기가 모두 다른
조각 사용하기!

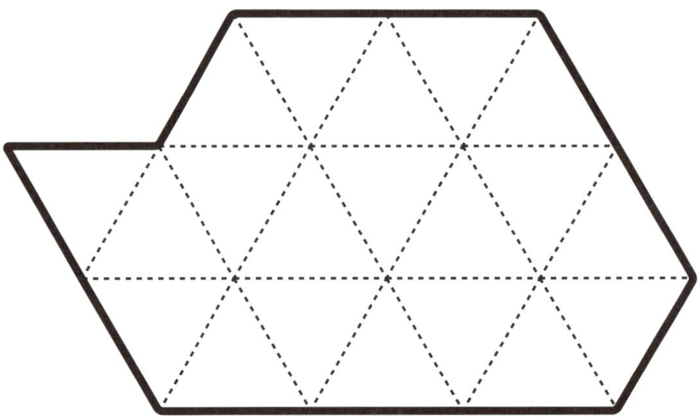

다음 모양을 조건에 맞게 맞추어 보세요.

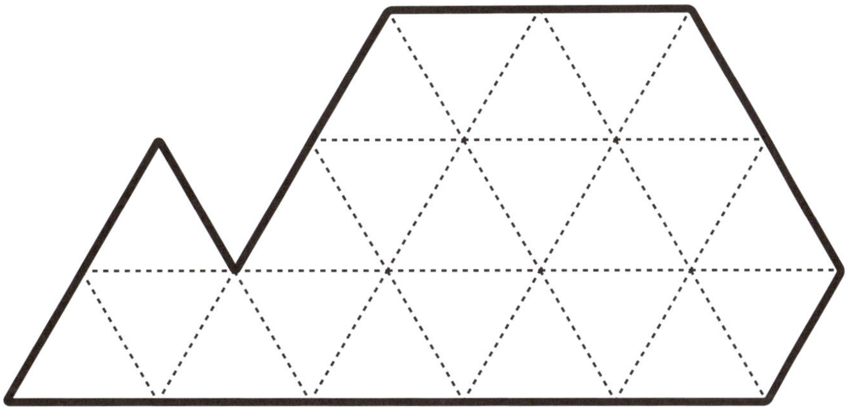

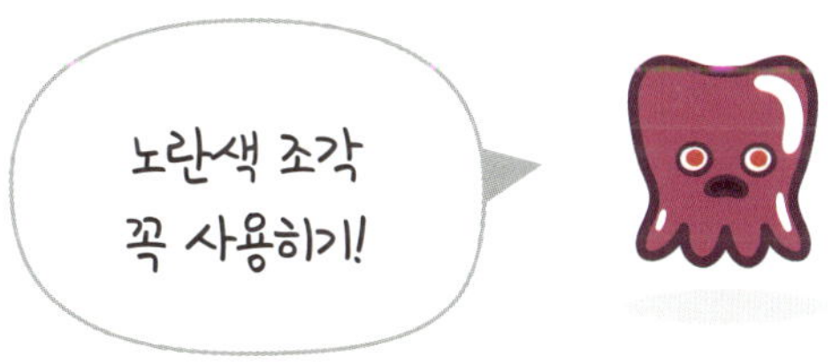


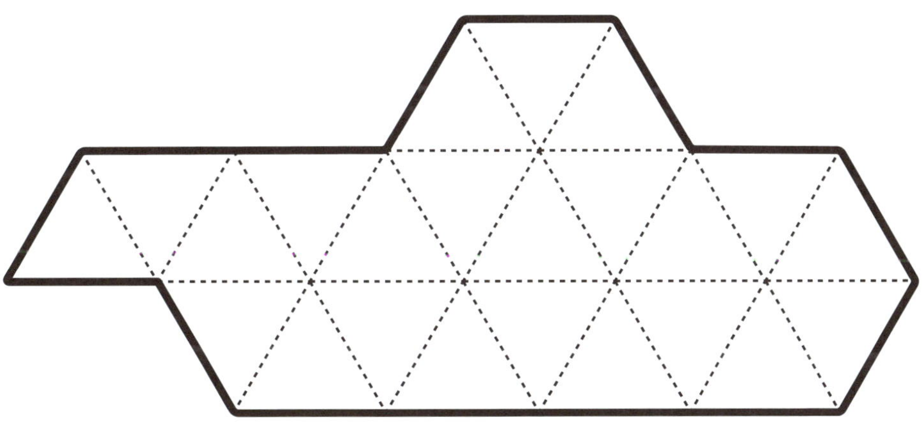

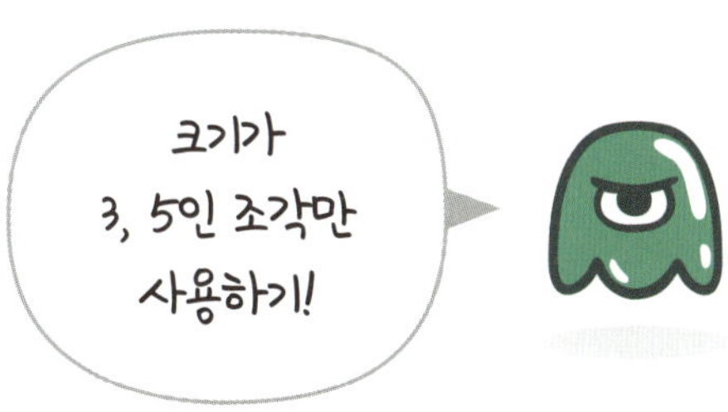

제시된 조각으로 ㉮, ㉯, ㉰의 크기를 구하고, 뺄셈식을 써보세요.

**보기**

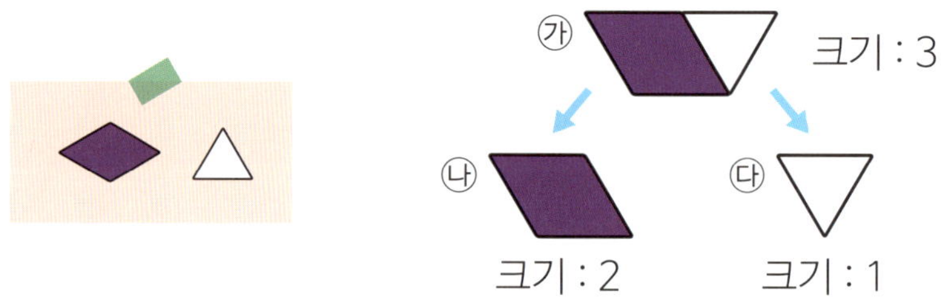


뺄셈식 : 3 - 1 = 2, 3 - 2 = 1

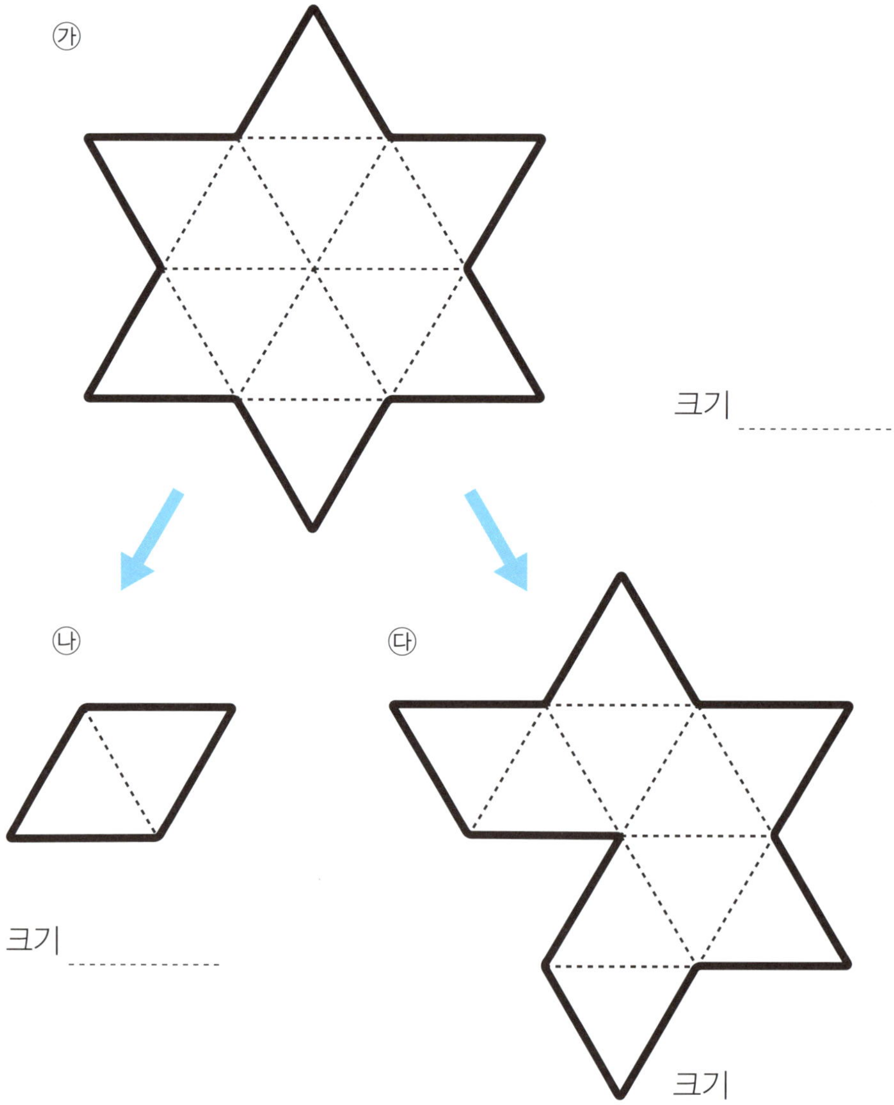


☐ - ☐ = ☐, ☐ - ☐ = ☐

제시된 조각으로 ㉮, ㉯, ㉰의 크기를 구하고, 뺄셈식을 써보세요.

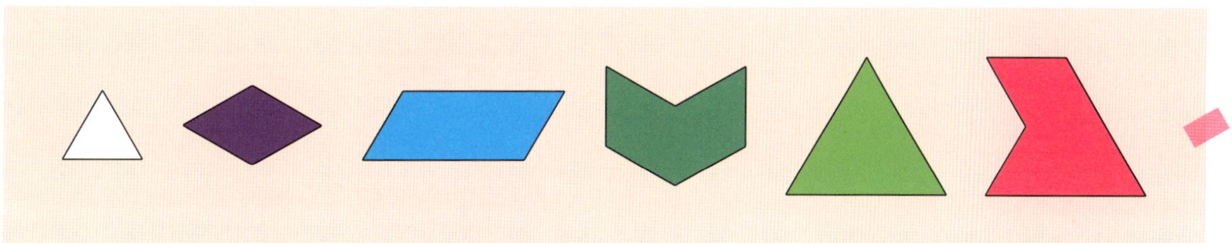

㉮

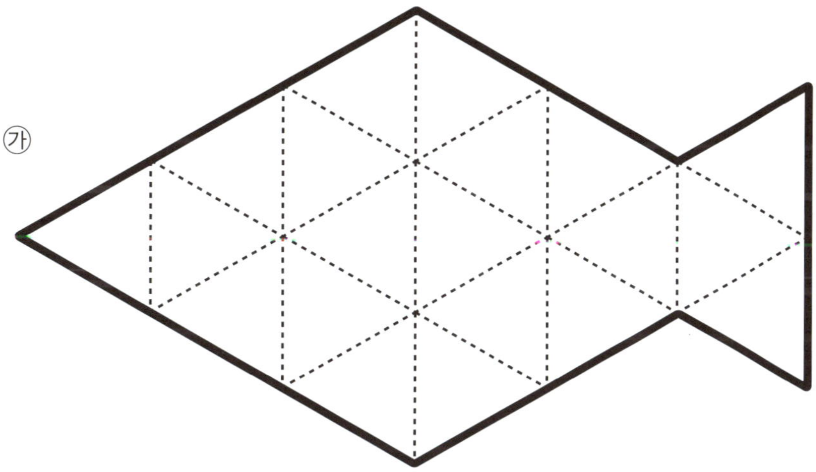

크기 ______

㉯

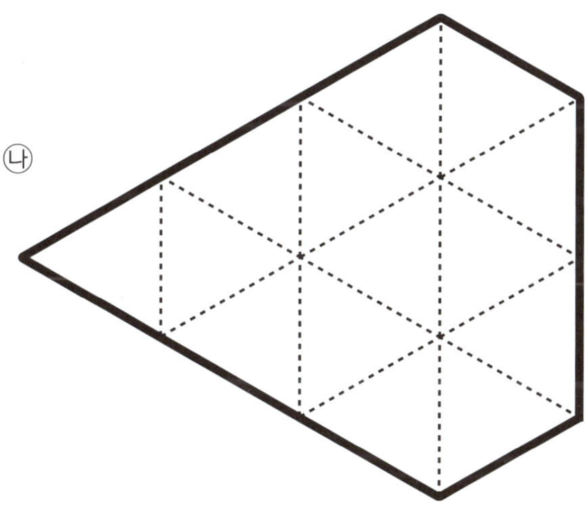

크기 ______

㉰

크기 ______

☐ − ☐ = ☐, ☐ − ☐ = ☐

# 9. 모양 맞추기 1

도형

다음 모양을 맞추어 보세요. 이때, 흰색 정삼각형은 사용하지 않습니다.

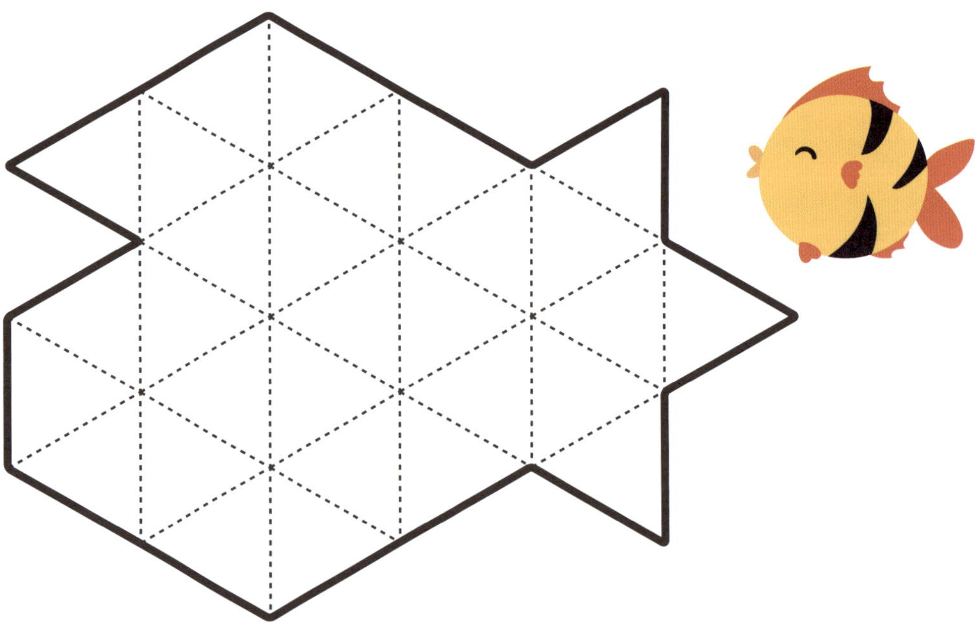

다음 모양을 맞추어 보세요. 이때, 흰색 정삼각형은 사용하지 않습니다.

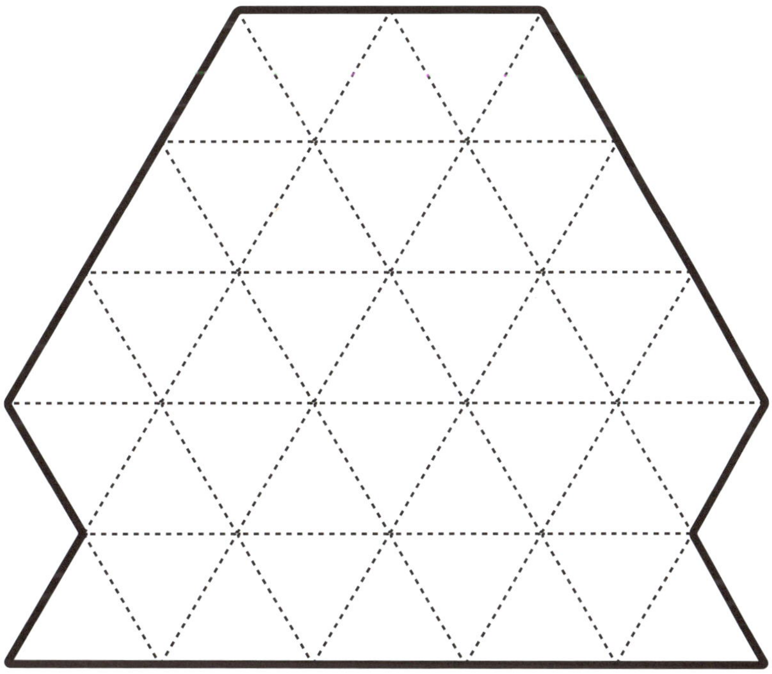

# 10. 모양 맞추기 2

도형

다음 모양을 맞추어 보세요. 이때, 흰색 정삼각형은 사용하지 않습니다.

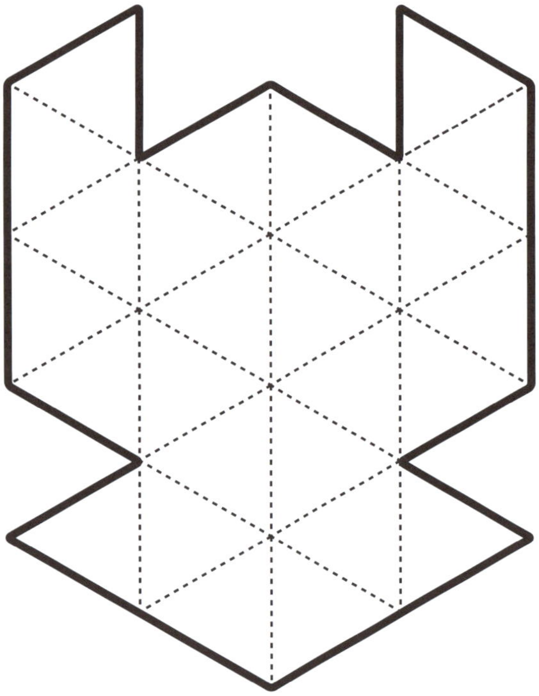

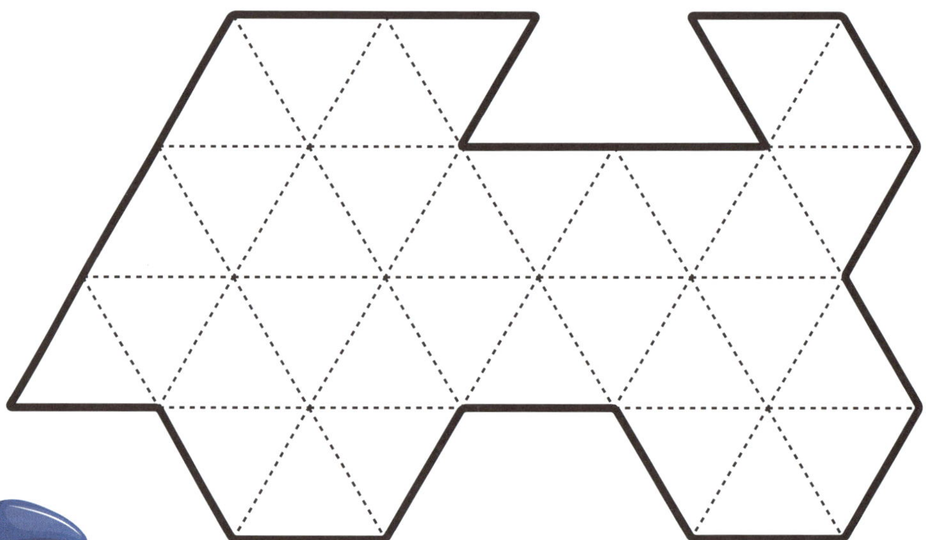

다음 모양을 맞추어 보세요. 이때, 흰색 정삼각형은 사용하지 않습니다.

다음 모양을 맞추어 보세요. 이때, 흰색 정삼각형은 사용하지 않습니다.

5조각

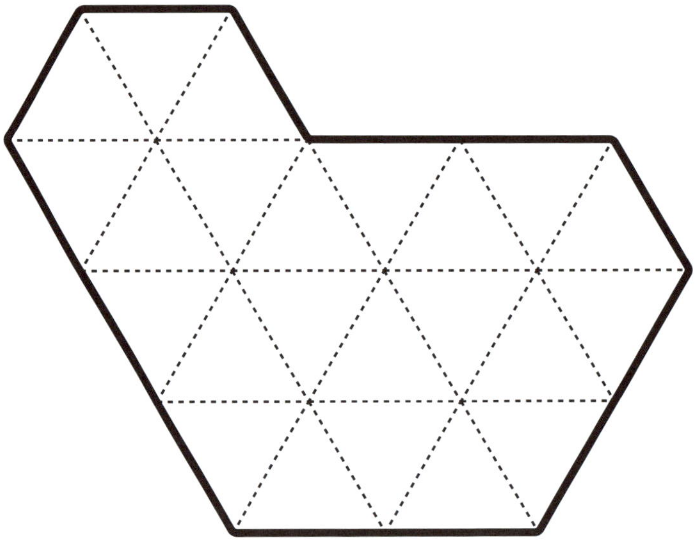

10조각

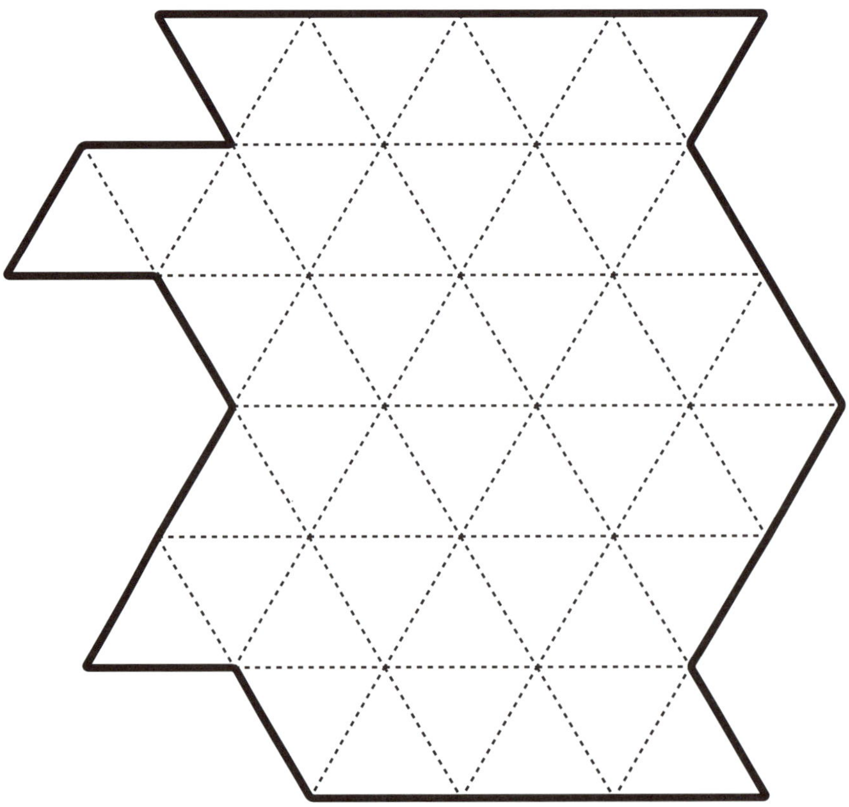

다음 모양을 맞추어 보세요. 이때, 흰색 정삼각형은 사용하지 않습니다.

10조각

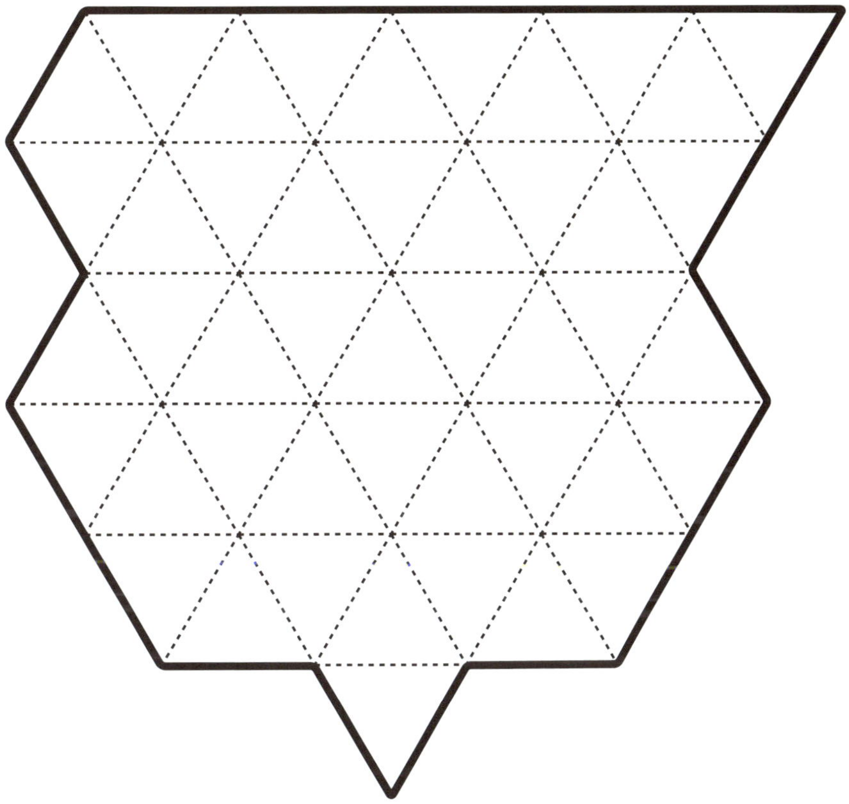

9조각

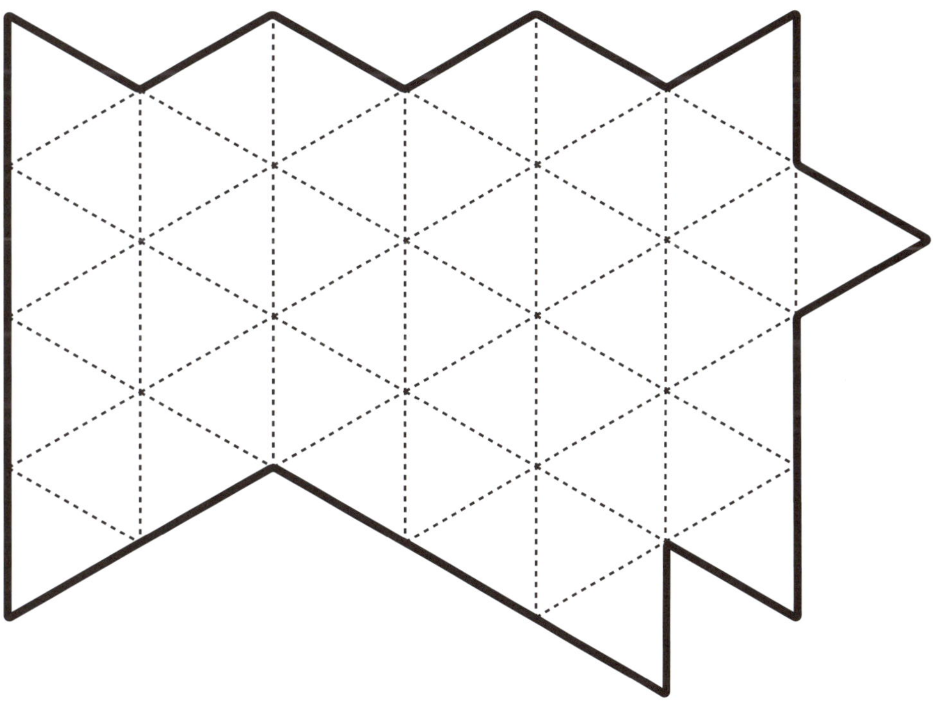

## 12. 둘레 익히기

주어진 조각의 둘레를 구해보세요.

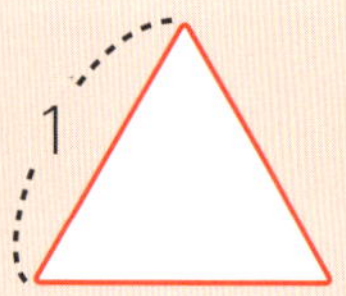


도형을 둘러싼 선의 길이를 둘레라고 합니다.
정삼각형의 둘레는 3입니다.

둘레 :

둘레 :

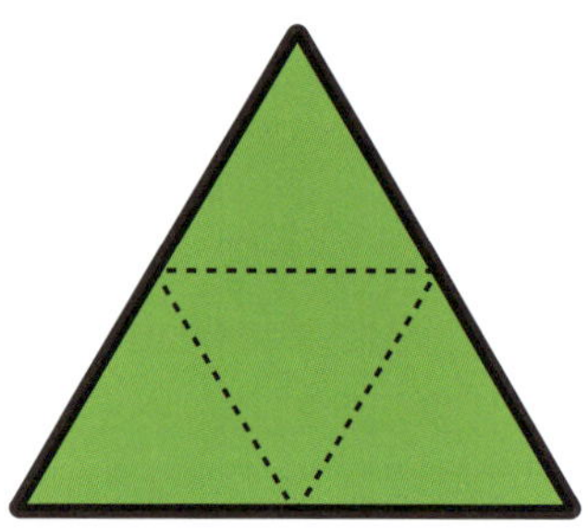

둘레 :

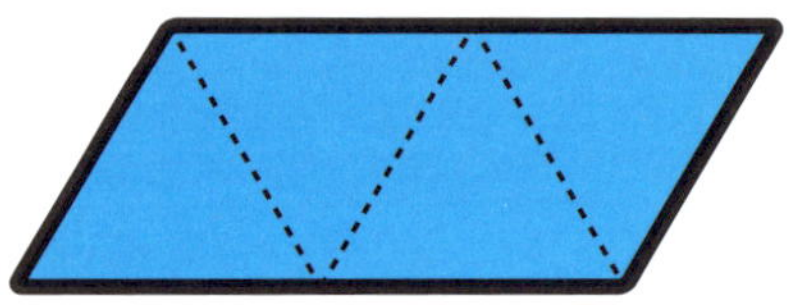

둘레 :

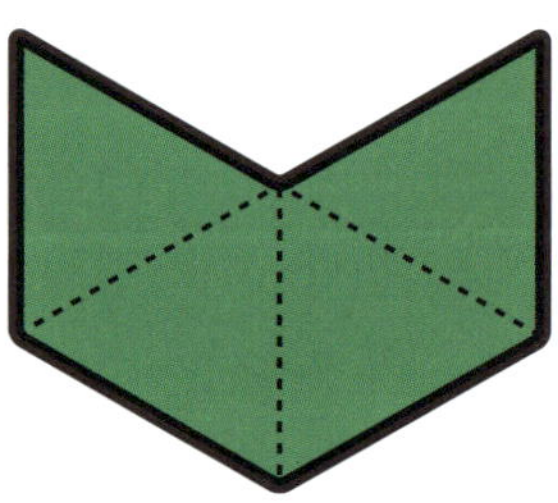

둘레 :

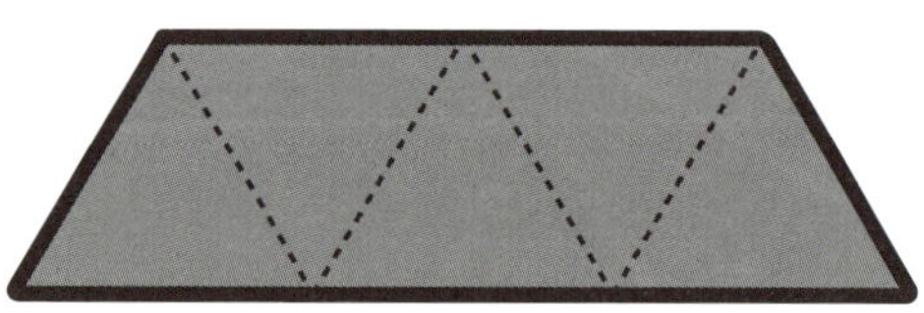

둘레 :

주어진 조각의 둘레를 구해보세요.

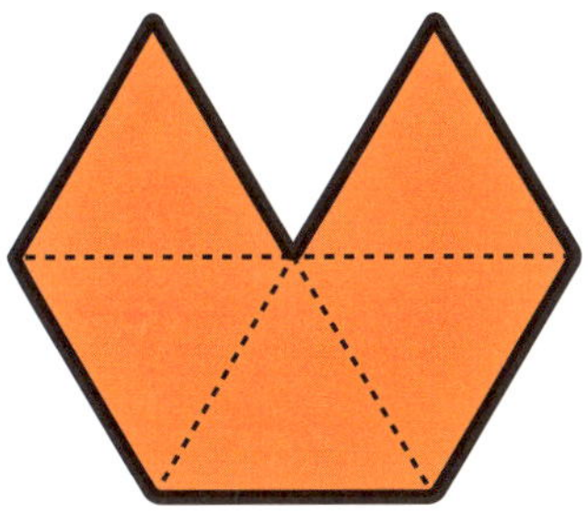

둘레 :

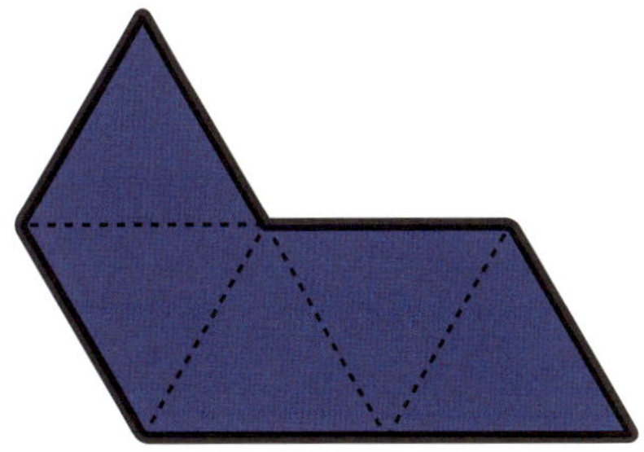

둘레 :

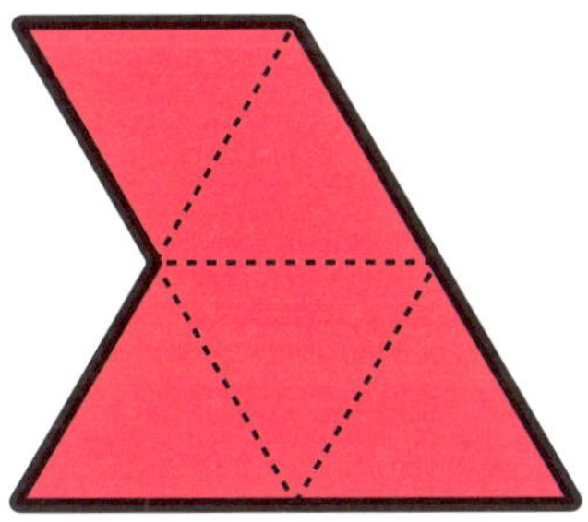

둘레 :

둘레 :

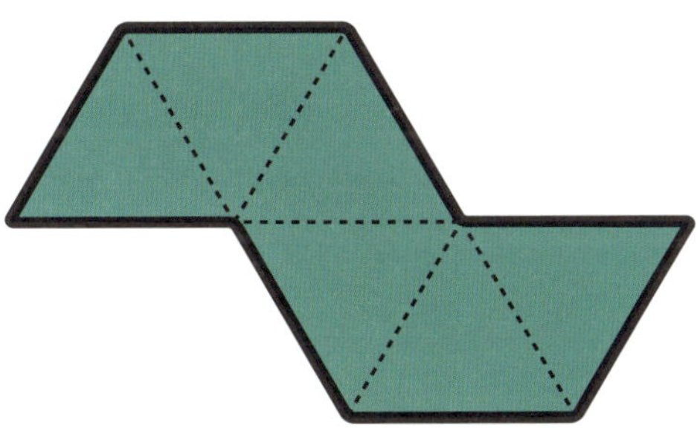

둘레 :

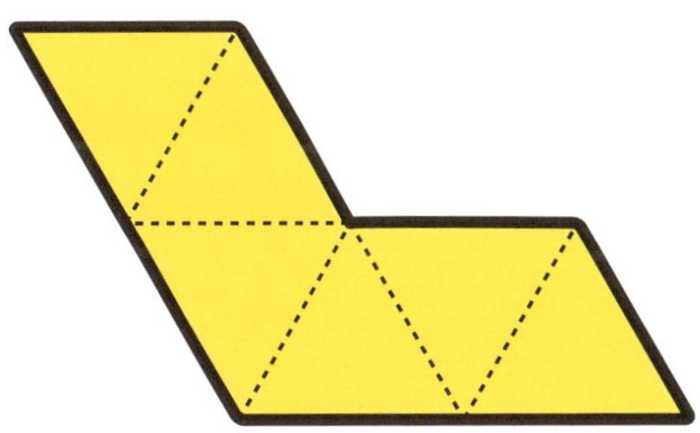

둘레 :

# 13. 둘레 구하기 1

측정

다음 모양을 맞추고 모양의 둘레를 구해보세요.

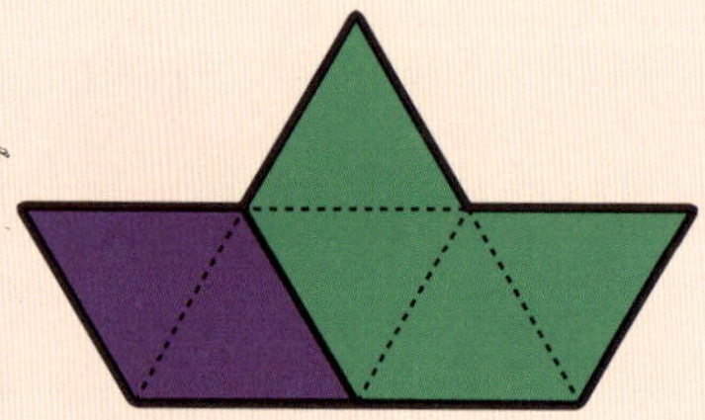

둘레 : 8

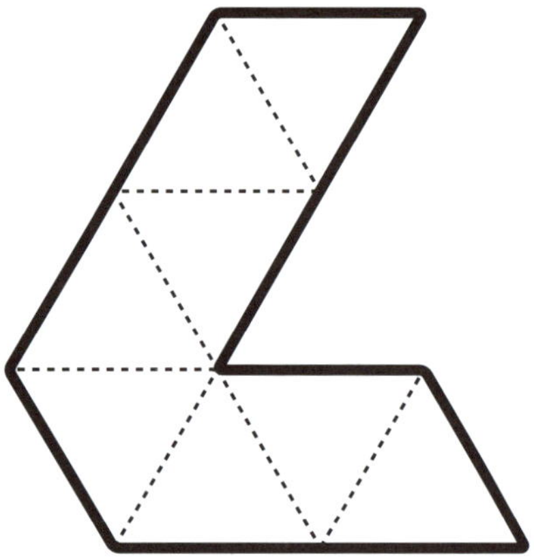

둘레 :

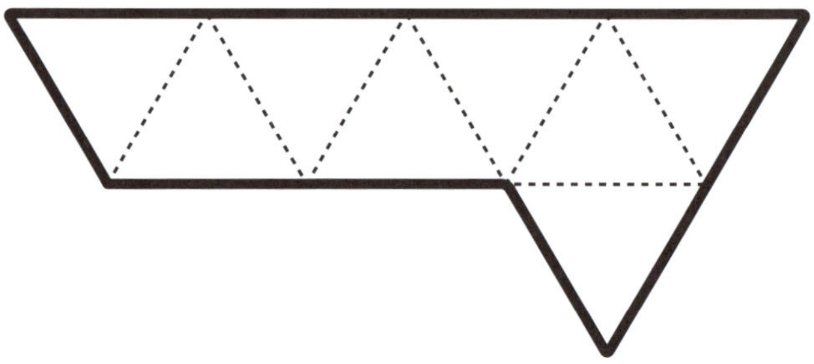

둘레 :

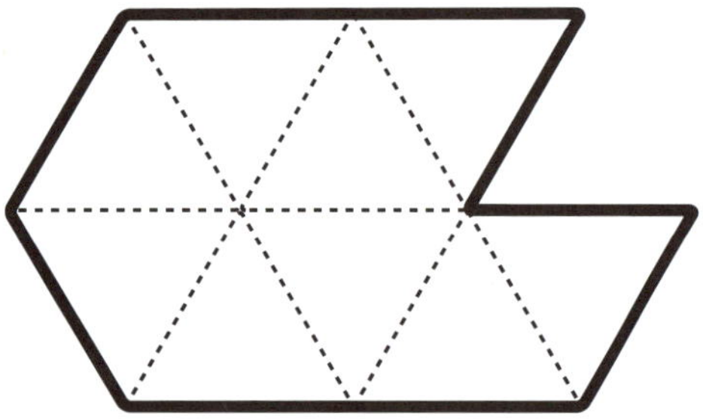

둘레 :

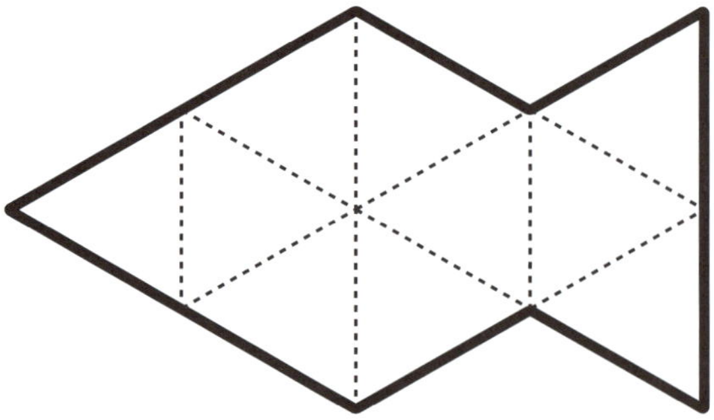

둘레 :

다음 모양을 맞추고 모양의 둘레를 구해보세요.

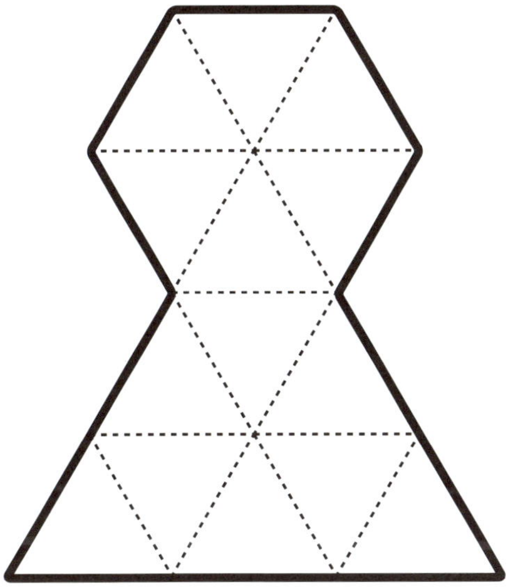

둘레 : ____________________

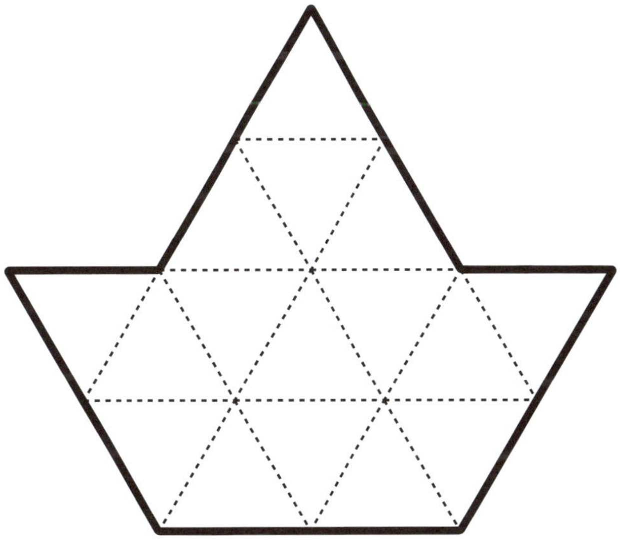

둘레 : ____________________

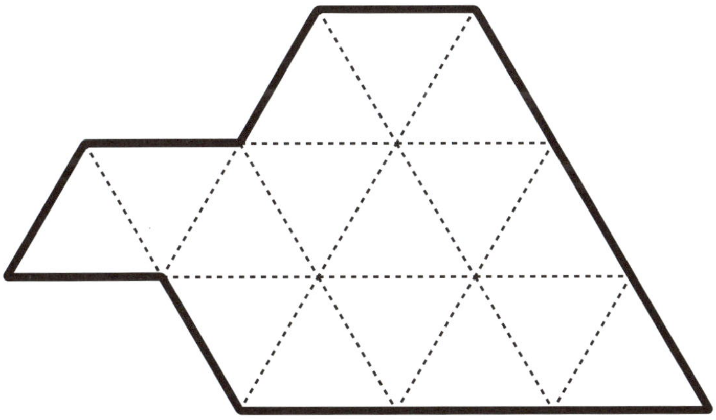

둘레 : ____________________

㉮, ㉯를 맞추고, 합쳐서 ㉰ 모양을 만들어 보고, 둘레를 구해보세요. 이때, 흰색 정삼각형은 사용하지 않습니다.

㉮

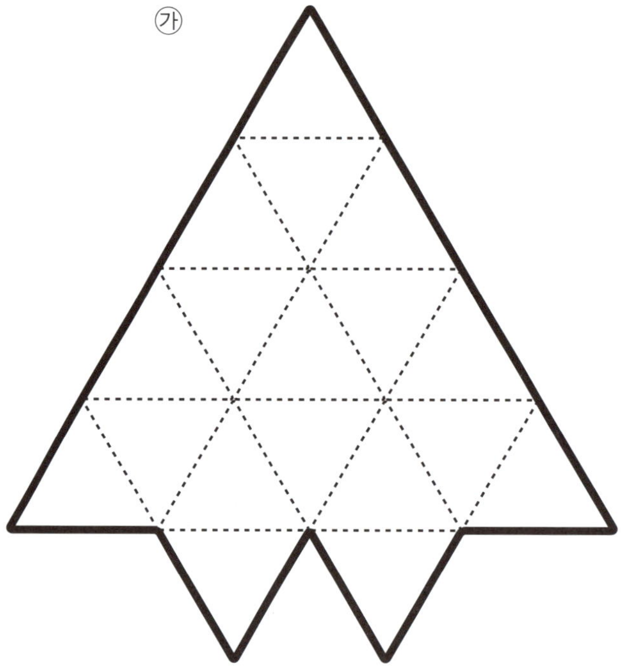

둘레 : ____________________

㉯

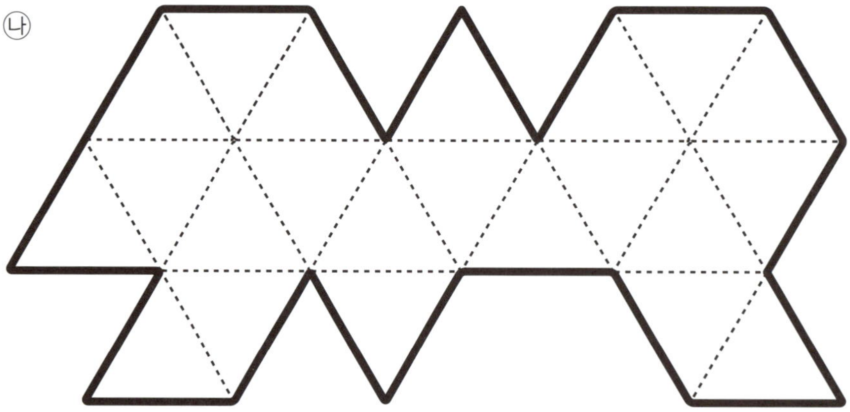

둘레 : ____________________

㉰

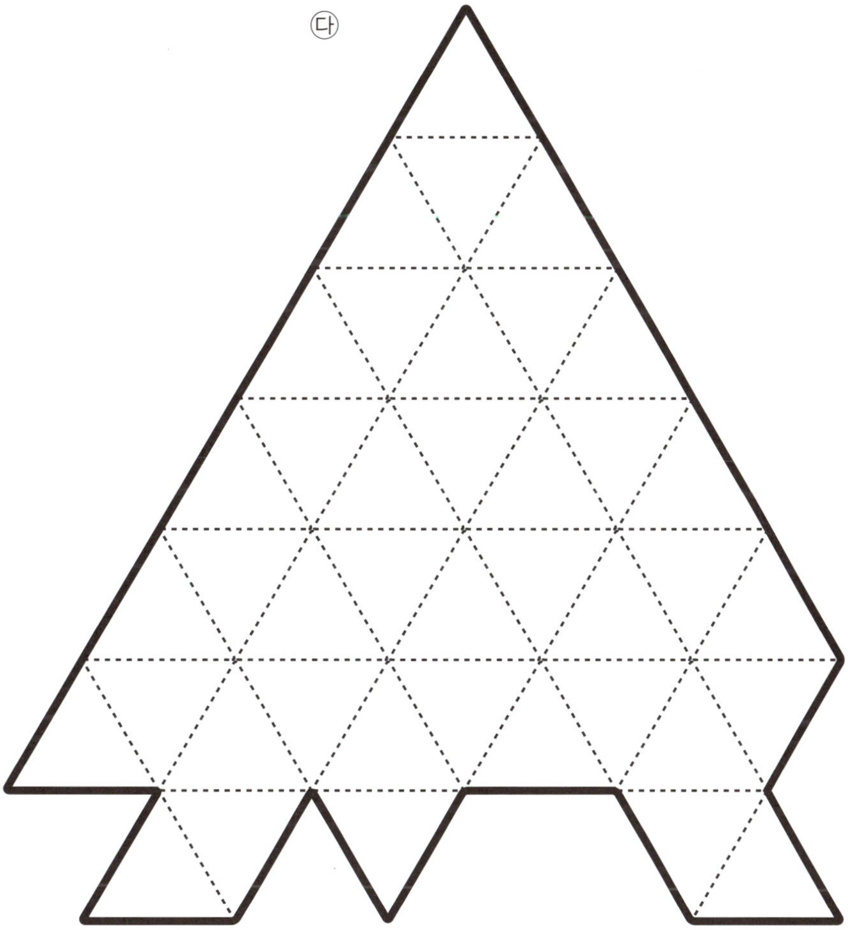

둘레 : ____________________

티칭 가이드 ㉰ 모양의 둘레를 구하는 방법에 대해 이야기를 해 보세요.

흰색 정삼각형의 크기를 1이라고 약속합니다. 평행사변형을 맞추고 처음 평행사변형보다 몇 배 커졌는지 빈칸을 채워보세요.

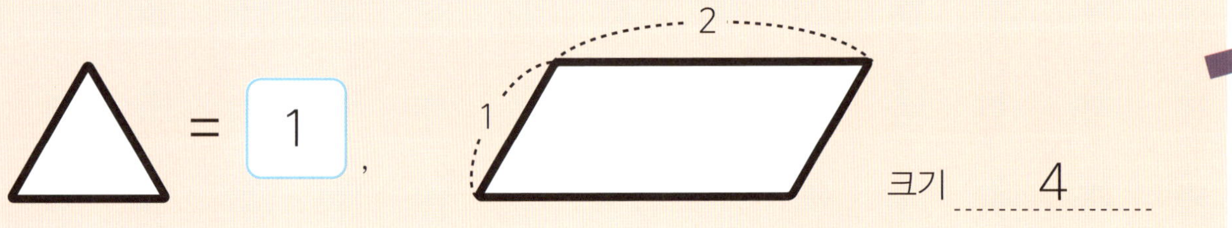


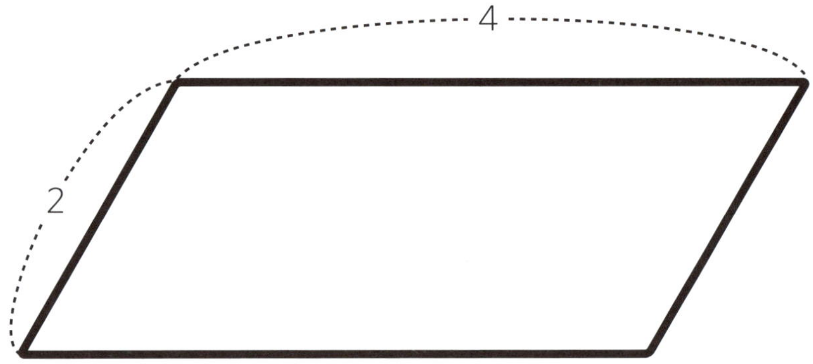


크기 ________

길이는 [  ] 배, 크기는 [  ] 배 커졌습니다.

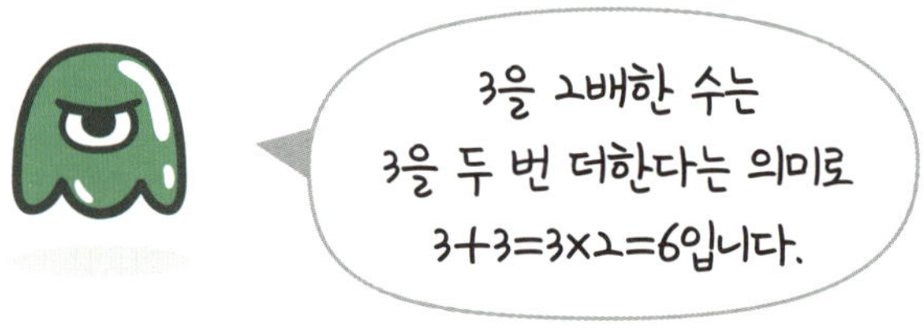


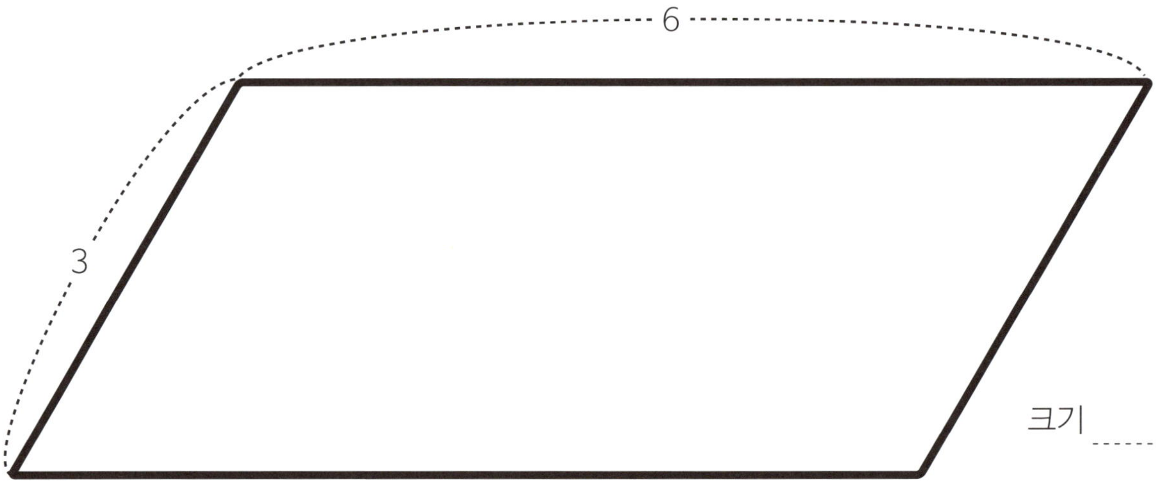


크기 ________

길이는 [  ] 배, 크기는 [  ] 배 커졌습니다.

사다리꼴을 맞추고 처음 사다리꼴보다 몇 배 커졌는지 빈칸을 채워보세요.

 = 1 , 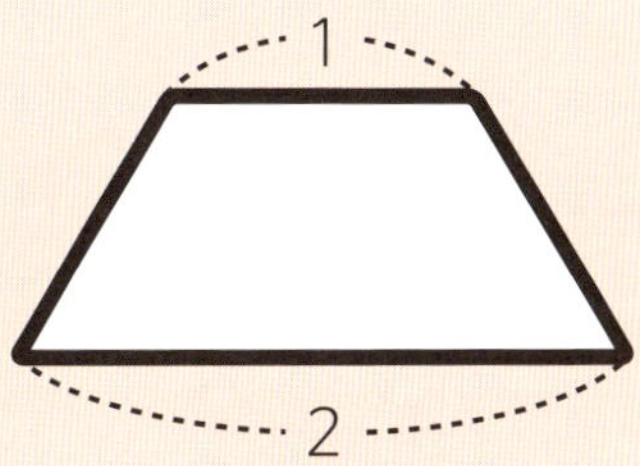


크기 3

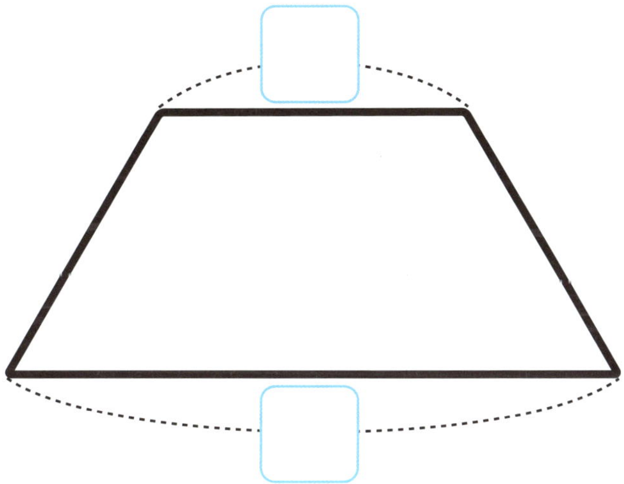

크기 ____

길이는 [ ] 배, 크기는 [ ] 배 커졌습니다.

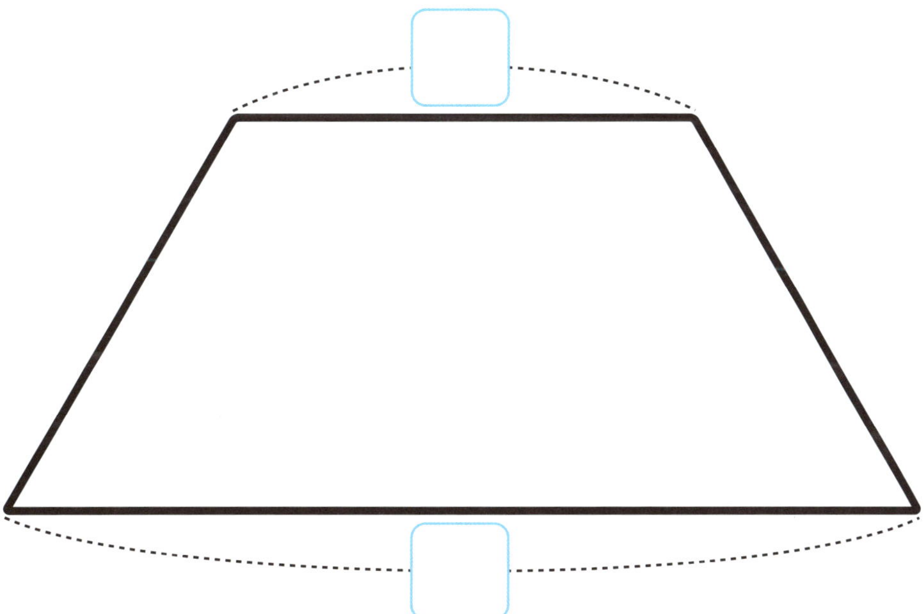

크기 ____

길이는 [ ] 배, 크기는 [ ] 배 커졌습니다.

규칙에 맞게 폴리아몬드 조각을 찾아 그려보세요.

**규칙**

1. 각 화살표 별로 위쪽, 왼쪽, 아래쪽이라고 약속합니다.
2. 각 원안의 숫자는 화살표 방향으로 색칠되어있는 칸의 수입니다.

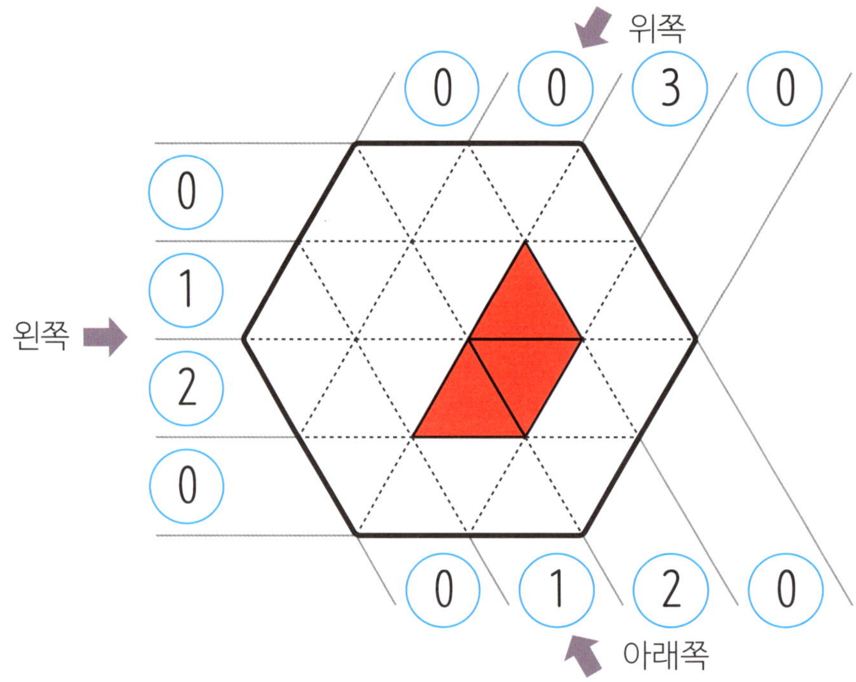


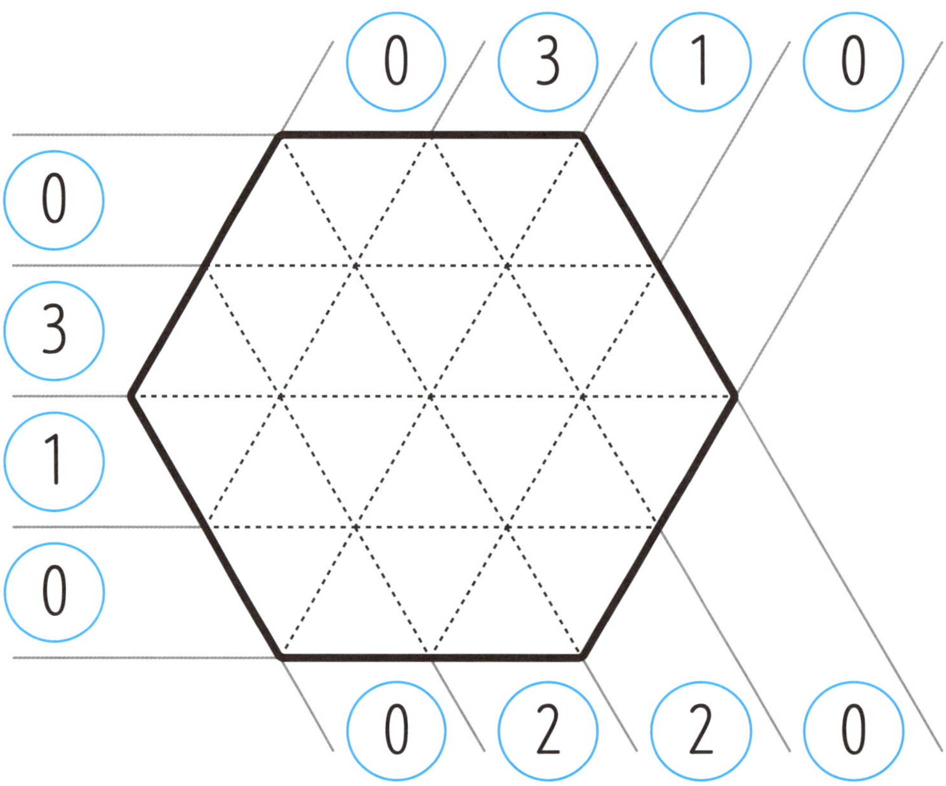

규칙에 맞게 폴리아몬드 조각을 찾아 그려보세요.

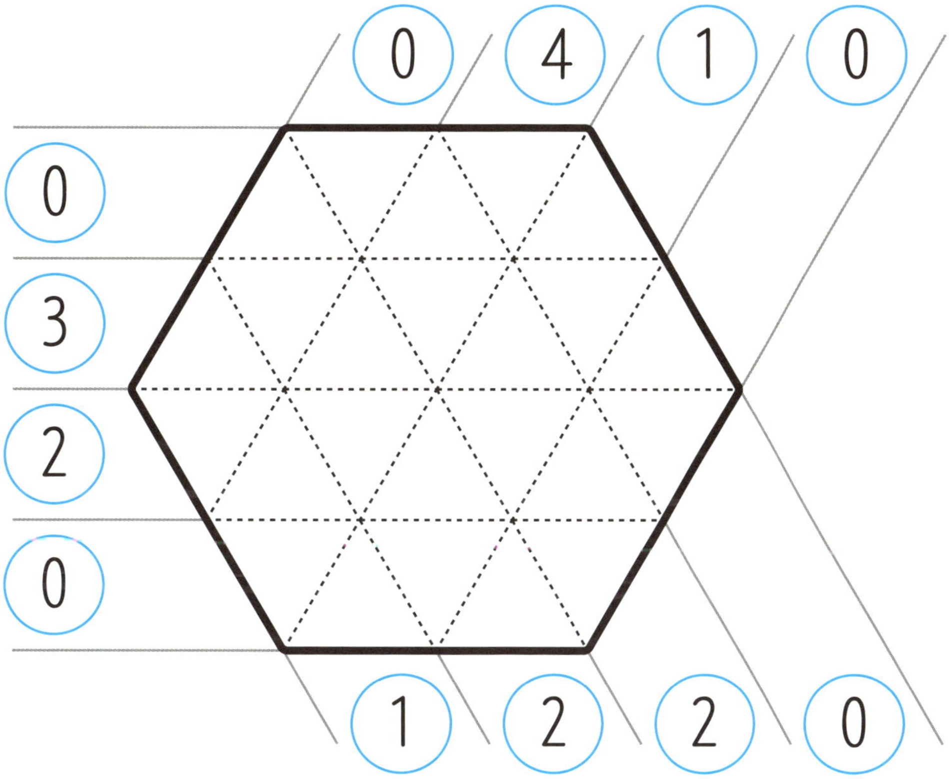


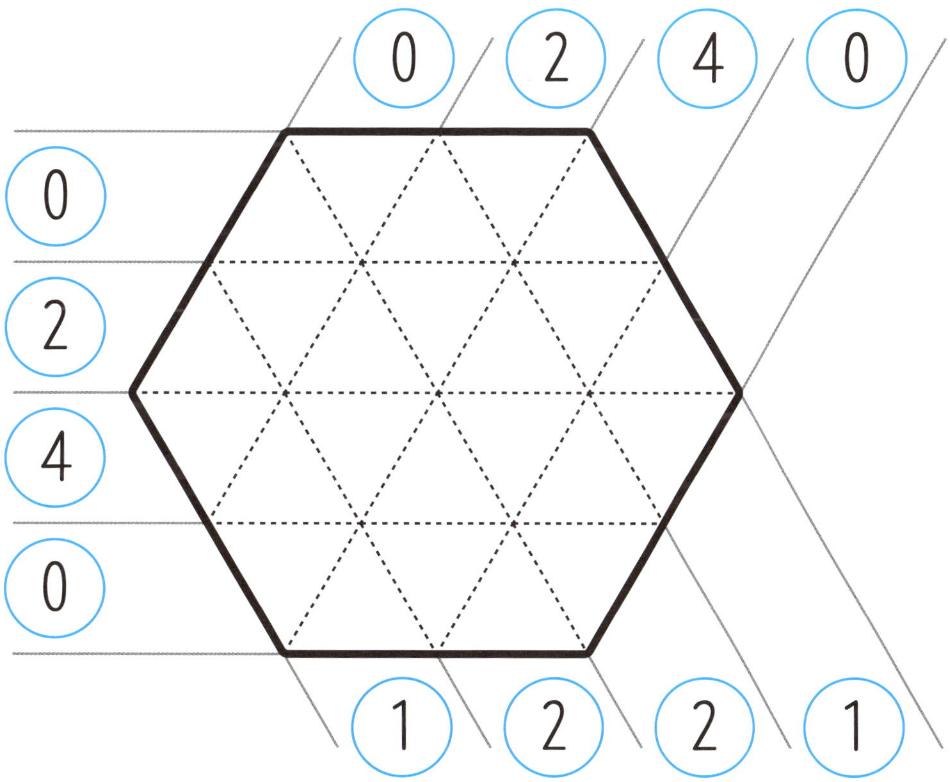

# 17. 폴리아몬드 로직 2

규칙성

규칙에 맞게 폴리아몬드 조각을 찾아 그려보세요.

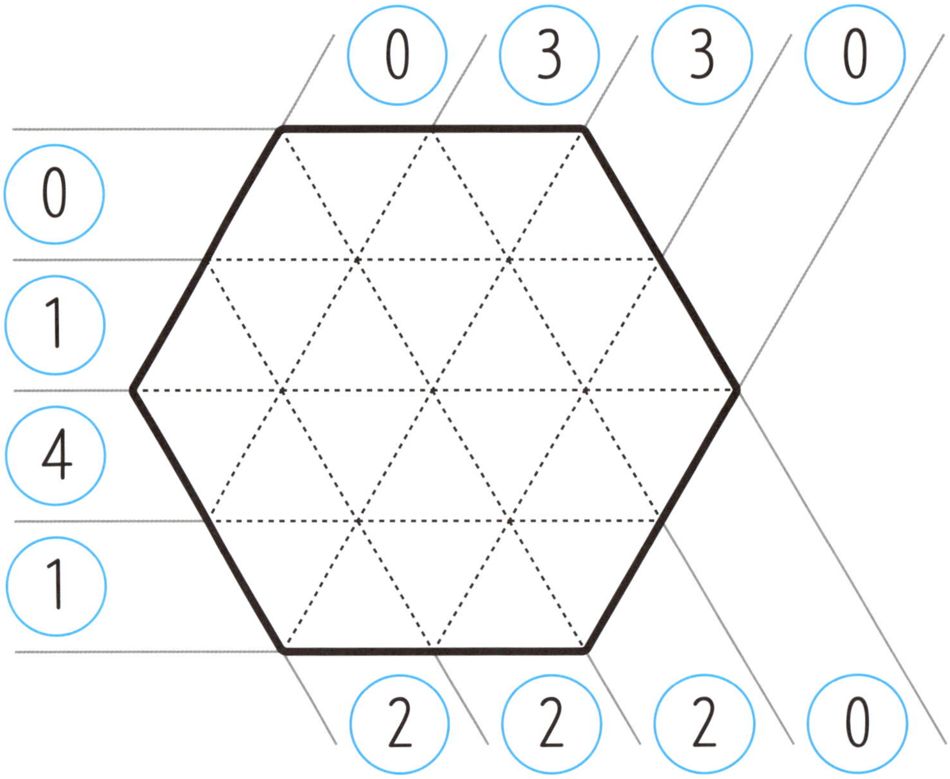


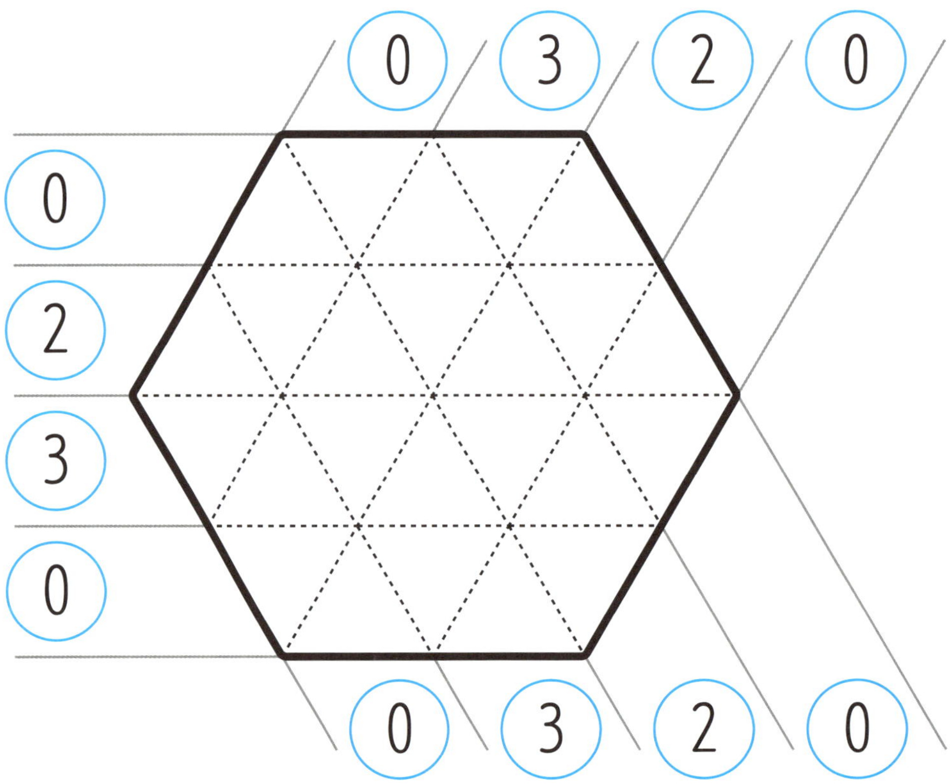

규칙에 맞게 폴리아몬드 조각을 찾아 그려보세요.

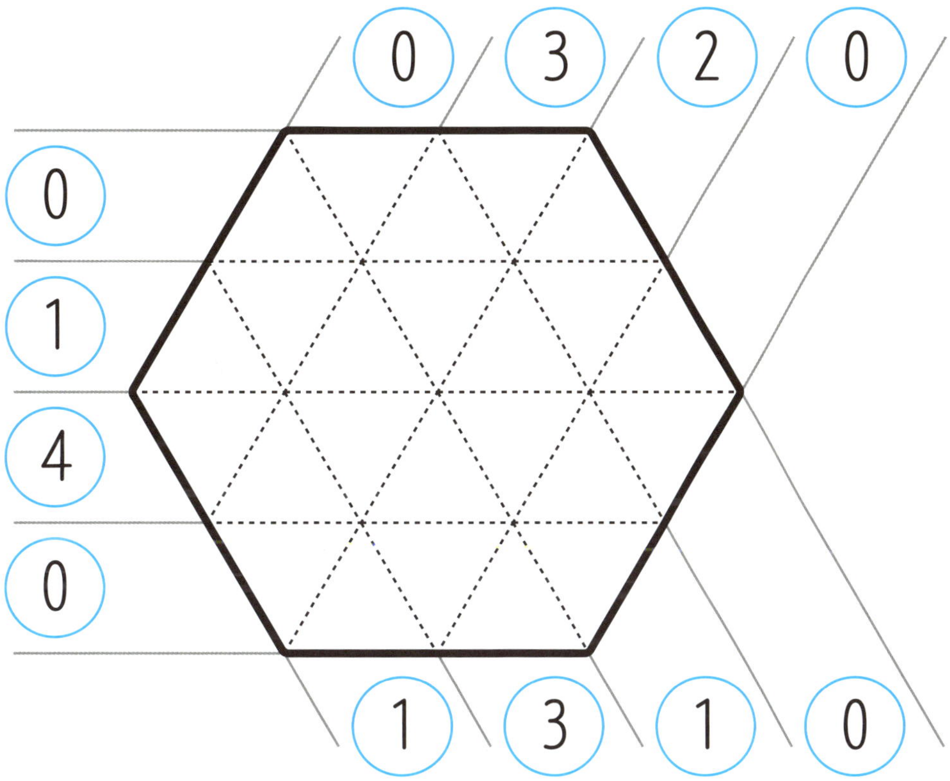


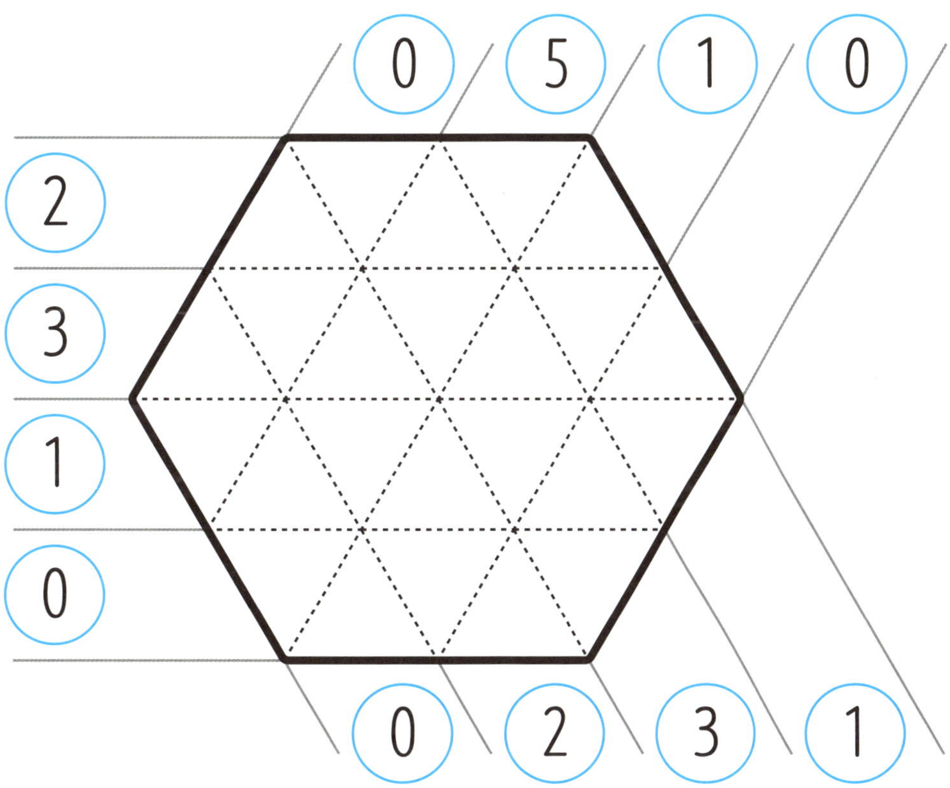

규칙에 맞게 폴리아몬드 조각을 찾아 그려보세요.

**규칙**

1. 제시된 조각을 사용합니다.

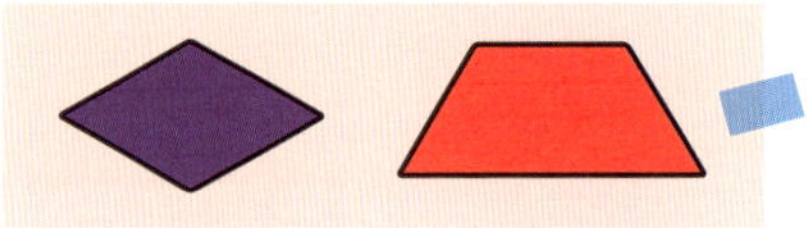

2. 주어진 조각끼리는 변끼리 만나지 않습니다.

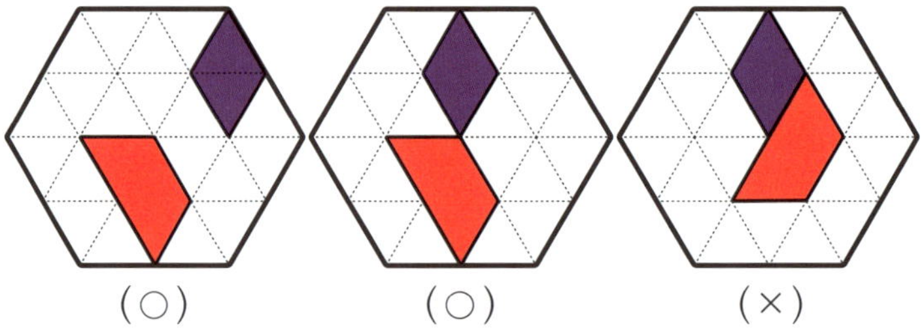


3. 각 원안의 숫자는 화살표 방향으로 색칠되어있는 칸의 수입니다.

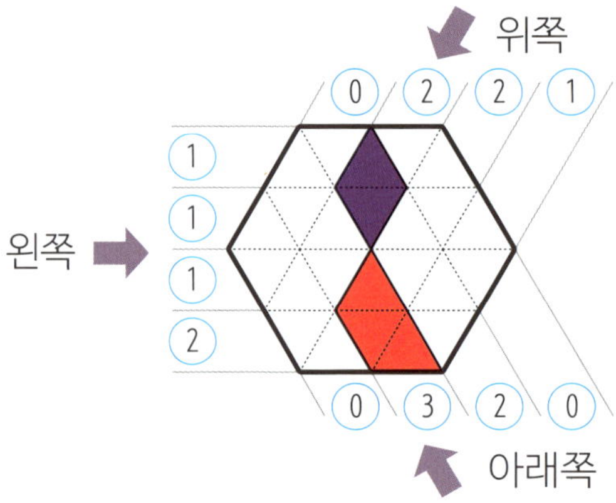


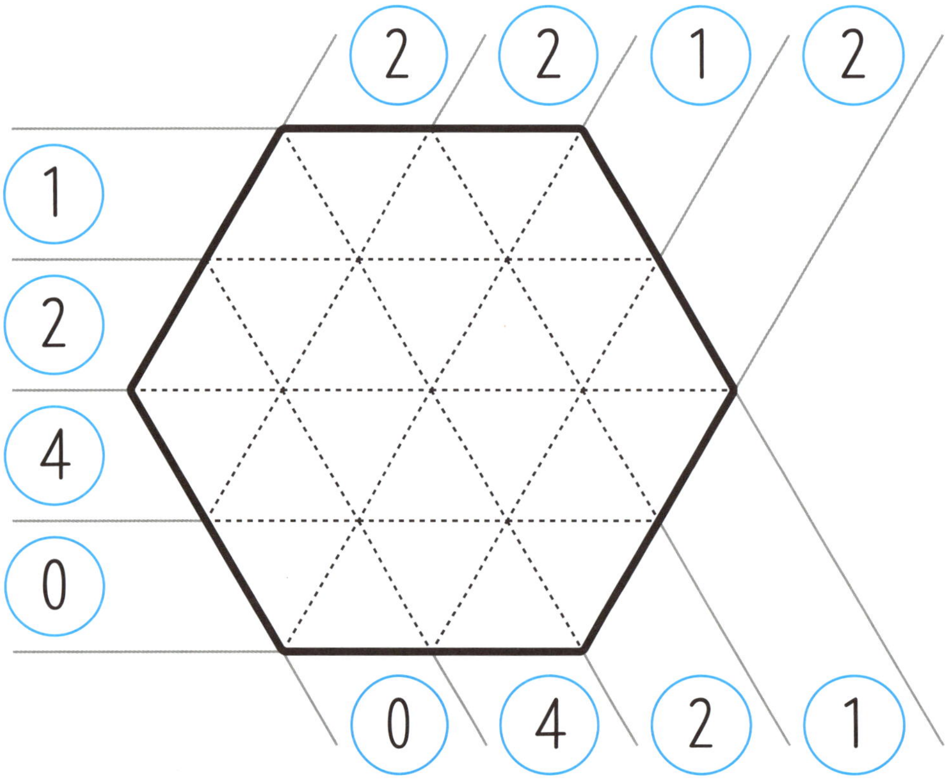

규칙에 맞게 폴리아몬드 조각을 찾아 그려보세요.

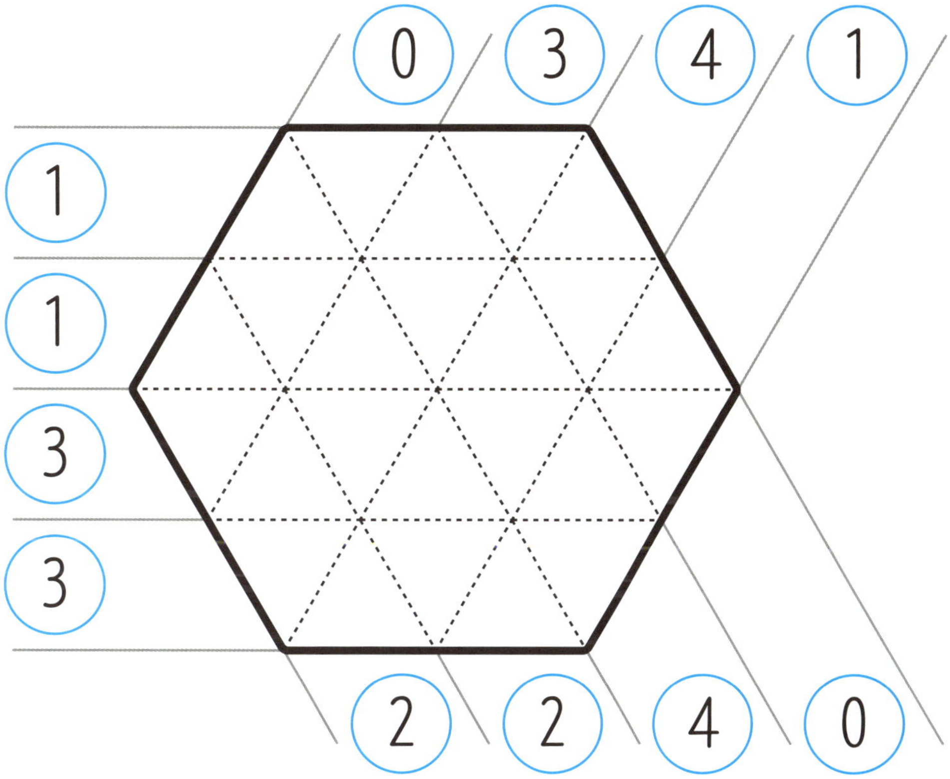


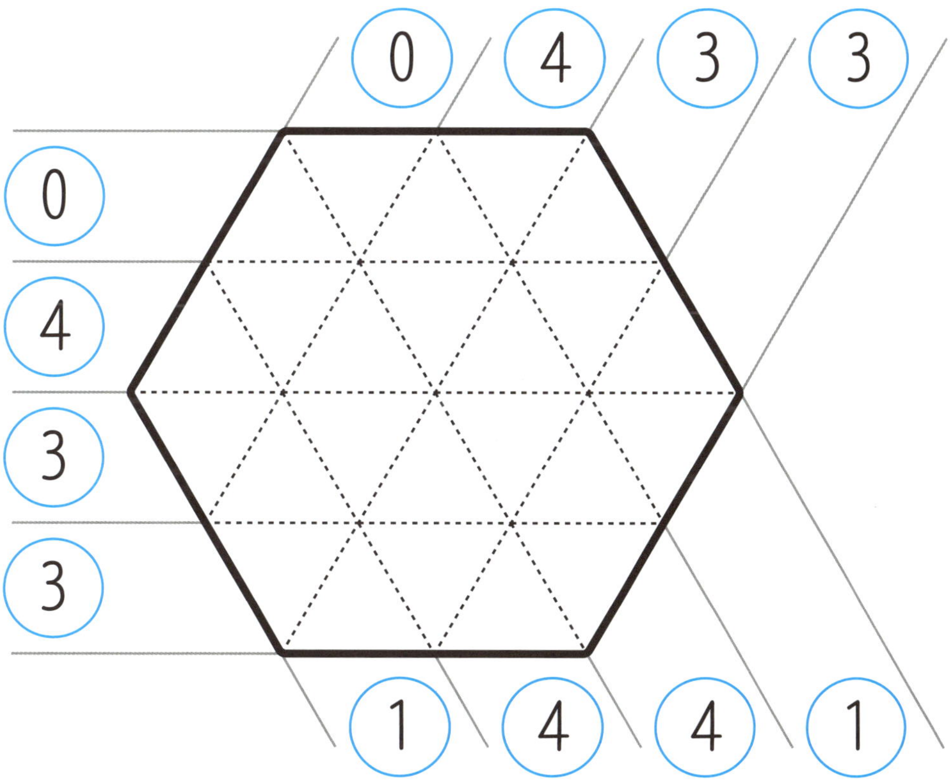

# 19. 모양 맞추기 3

다음 모양을 맞추어 보세요. 이때, 흰색 정삼각형은 사용하지 않습니다.

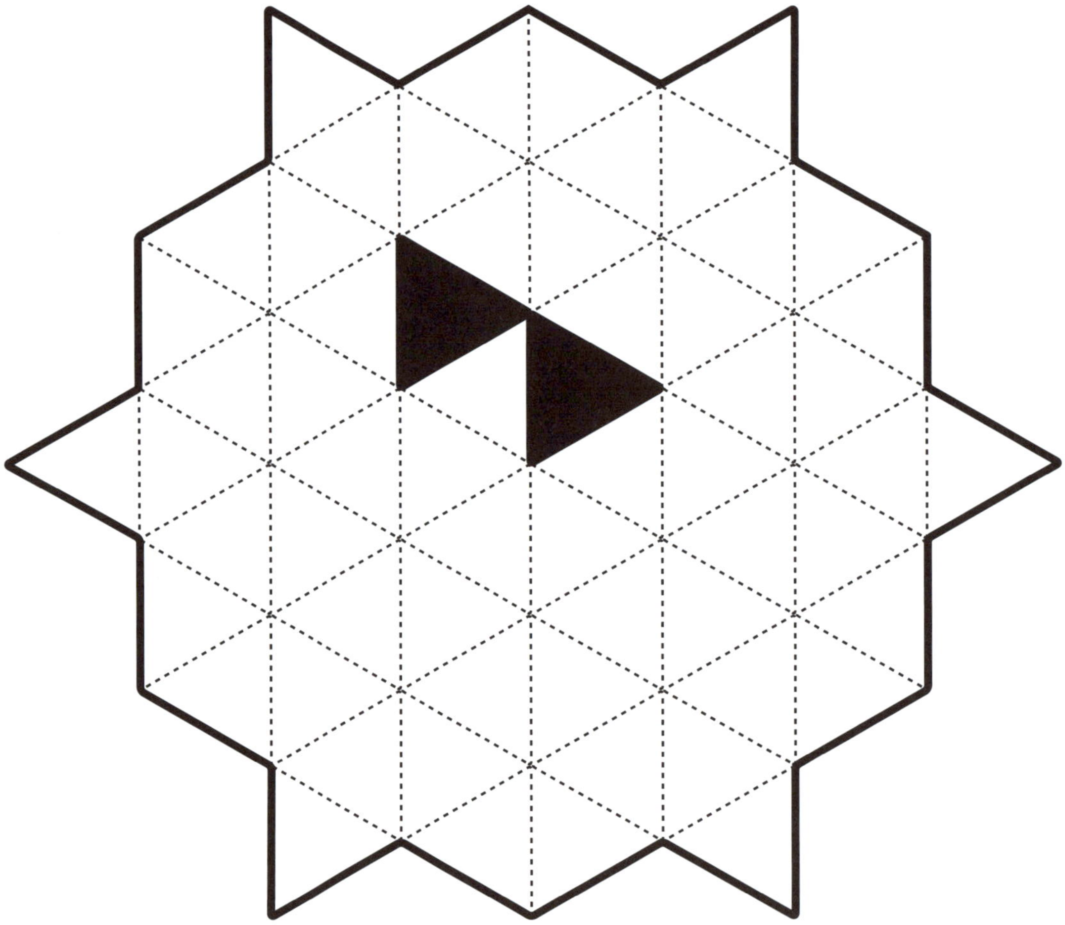

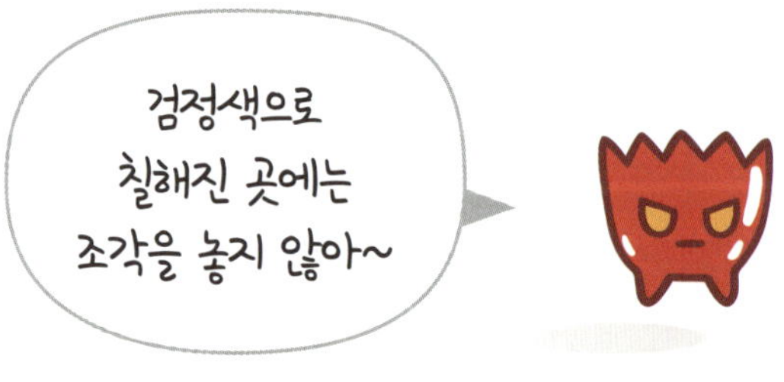

다음 모양을 맞추어 보세요. 이때, 흰색 정삼각형은 사용하지 않습니다.

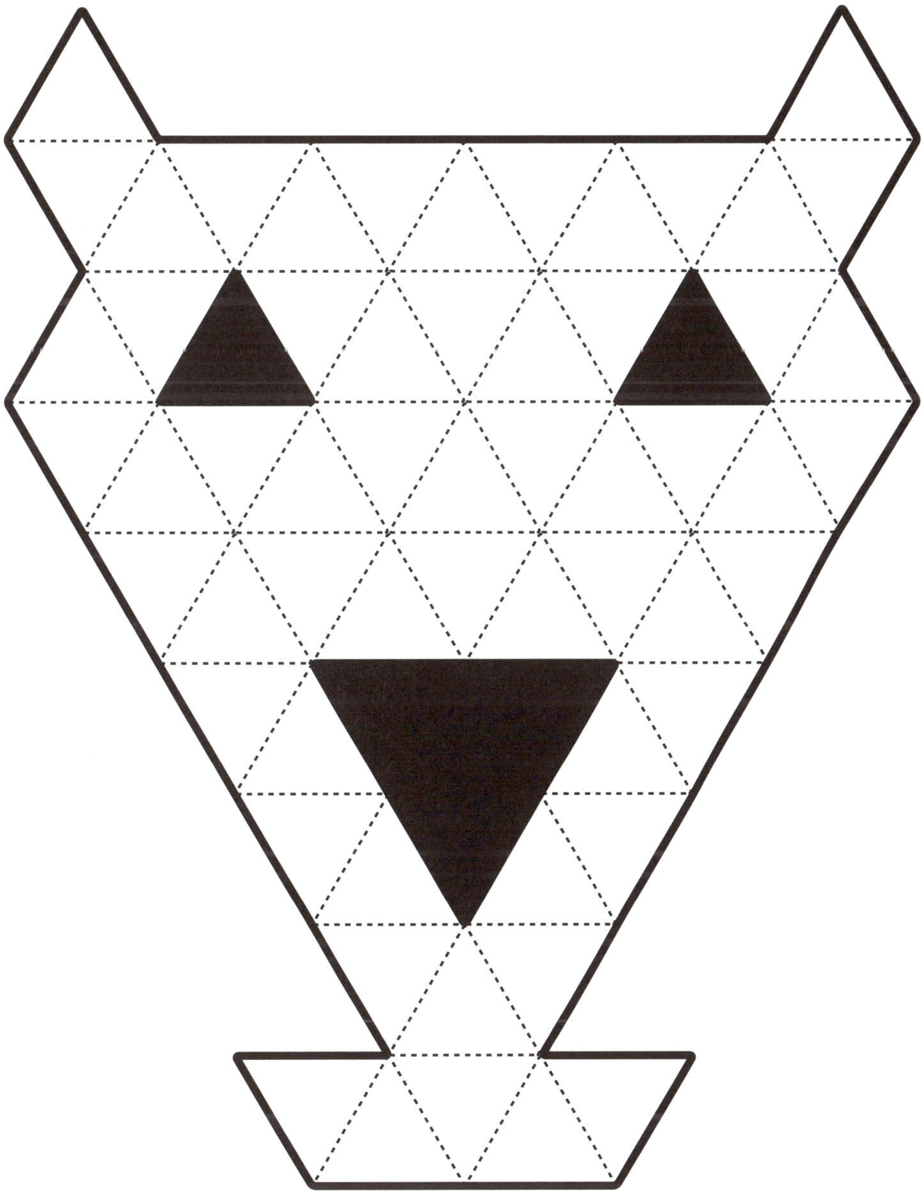

다음 모양을 맞추어 보세요. 이때, 흰색 정삼각형은 사용하지 않습니다.

다음 모양을 맞추어 보세요. 이때, 흰색 정삼각형은 사용하지 않습니다.

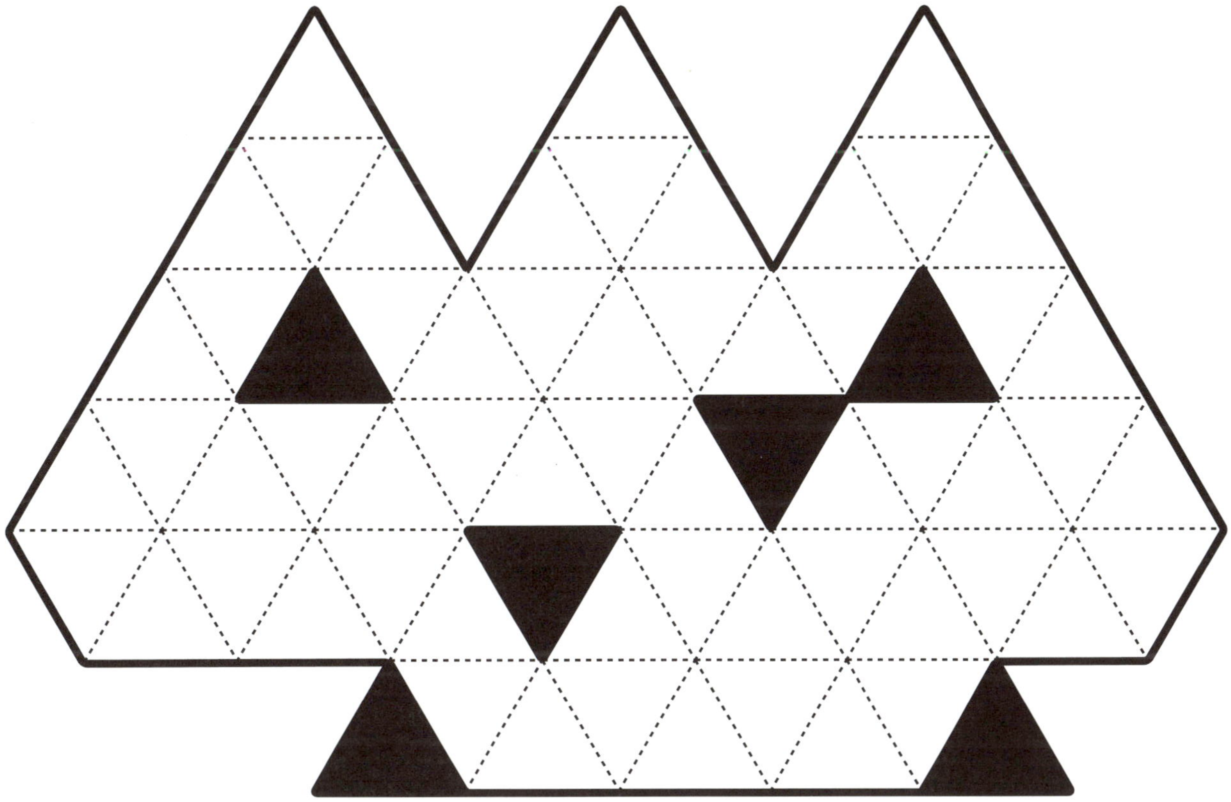

# 정답 제시된 방법 외에 다양한 답이 나올 수 있습니다.

p.6

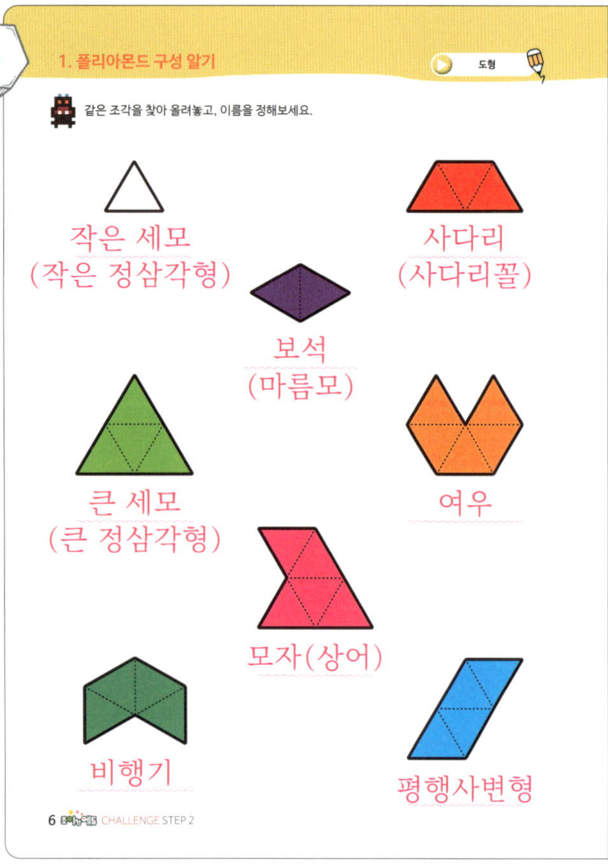

1. 폴리아몬드 구성 알기 — 도형

같은 조각을 찾아 올려놓고, 이름을 정해보세요.

작은 세모 (작은 정삼각형)

사다리 (사다리꼴)

보석 (마름모)

큰 세모 (큰 정삼각형)

여우

모자(상어)

비행기

평행사변형

6 CHALLENGE STEP 2

p.7

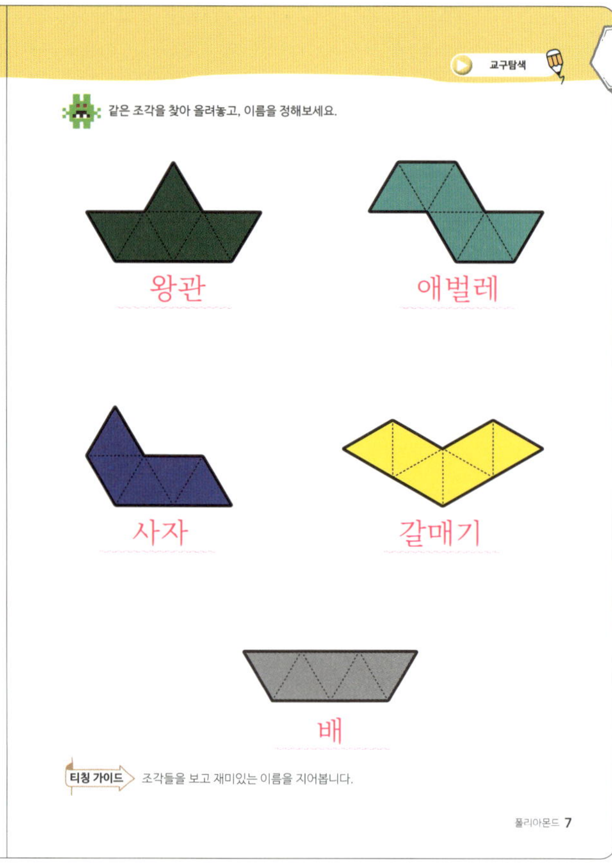

교구탐색

같은 조각을 찾아 올려놓고, 이름을 정해보세요.

왕관

애벌레

사자

갈매기

배

티칭 가이드 조각들을 보고 재미있는 이름을 지어봅니다.

폴리아몬드 7

p.8

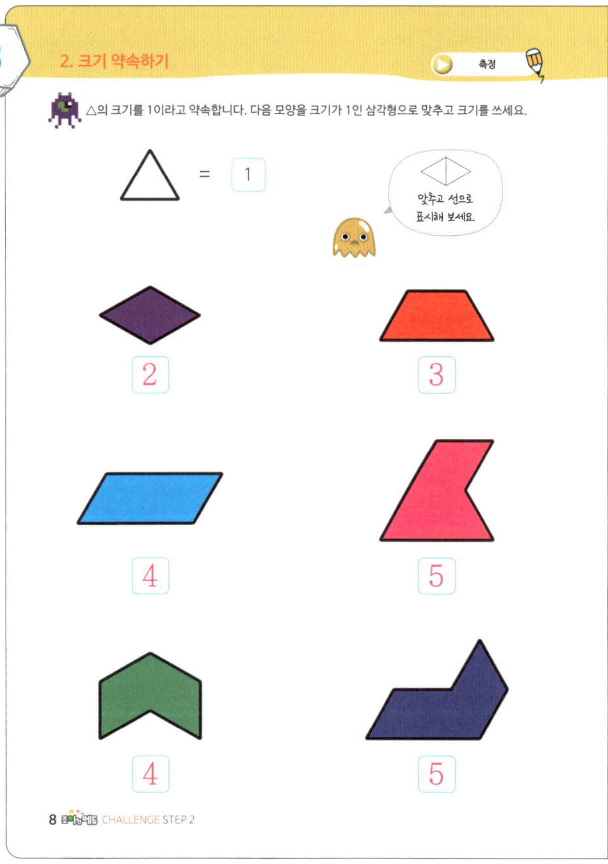

2. 크기 약속하기 — 측정

△의 크기를 1이라고 약속합니다. 다음 모양을 크기가 1인 삼각형으로 맞추고 크기를 쓰세요.

△ = 1

맞추고 선으로 표시해 보세요.

2 3

4 5

4 5

8 CHALLENGE STEP 2

p.9

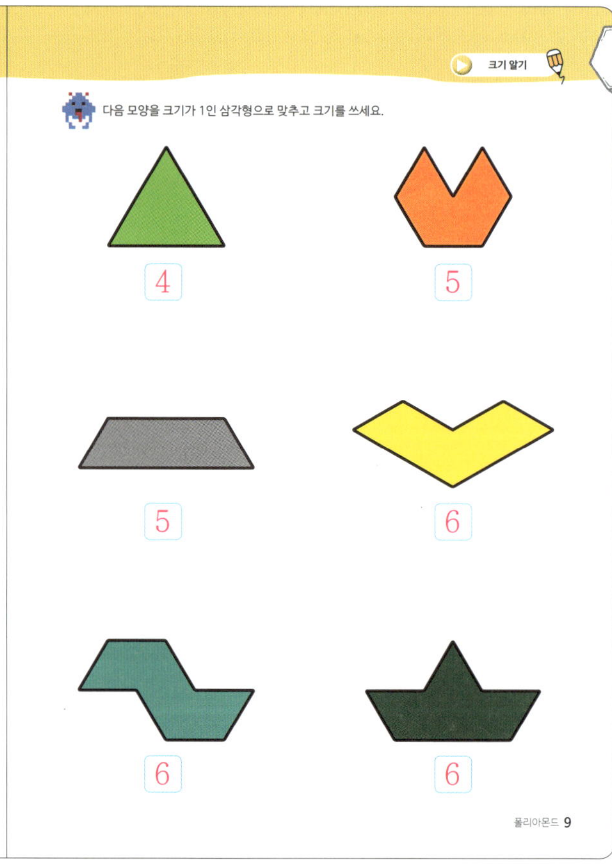

크기 알기

다음 모양을 크기가 1인 삼각형으로 맞추고 크기를 쓰세요.

4 5

5 6

6 6

폴리아몬드 9

# 제시된 방법 외에 다양한 답이 나올 수 있습니다.

p.10

## 3. 조건에 맞게 맞추기 1

도형

다음 모양을 조건에 맞게 맞추어 보세요.

3조각으로 맞추기

노란색 조각 꼭 사용하기!

p.11

모양 맞추기

다음 모양을 조건에 맞게 맞추어 보세요.

크기가 다른 4조각으로 맞추기!

노란색 조각 꼭 사용하기!

p.12

## 4. 합동인 도형 맞추기

도형

다음 합동인 모양을 동시에 맞추어 보세요.

모양과 크기가 같고 포개었을 때 완전히 포개어지는 도형을 합동이라고 합니다.



p.13

모양 맞추기

다음 합동인 모양을 동시에 맞추어 보세요.

**티칭 가이드** 이 책에서 동시에 맞춘다는 의미는 흰색, 빨간색을 제외한 다른 조각은 중복해서 사용할 수 없음을 의미합니다.

# 정답 제시된 방법 외에 다양한 답이 나올 수 있습니다.

p.14

## 5. 덧셈식 만들기 1

수와 연산

㉮, ㉯에서 맞춘 조각을 사용하여 ㉰모양을 만들고 전체 크기를 덧셈식으로 써보세요.

보기

덧셈식 : 1 + 1 + 2 + 3 = 7

• 덧셈식을 쓸 때, 크기가 작은 것부터 씁니다.

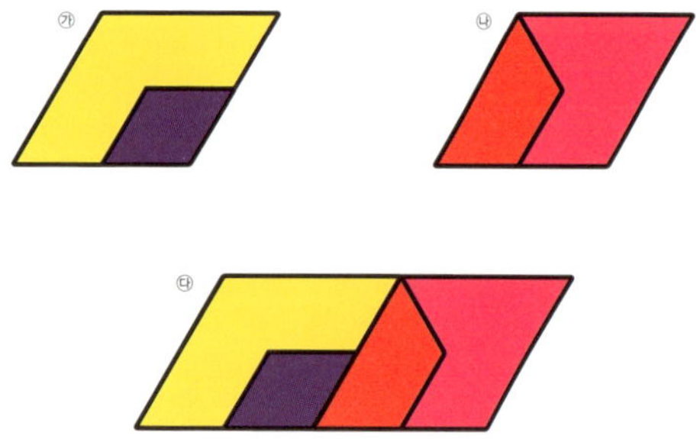


덧셈식 : 2 + 3 + 5 + 6 = 16



p.15

덧셈식

㉮, ㉯에서 맞춘 조각을 사용하여 ㉰모양을 만들고 전체 크기를 덧셈식으로 써보세요.

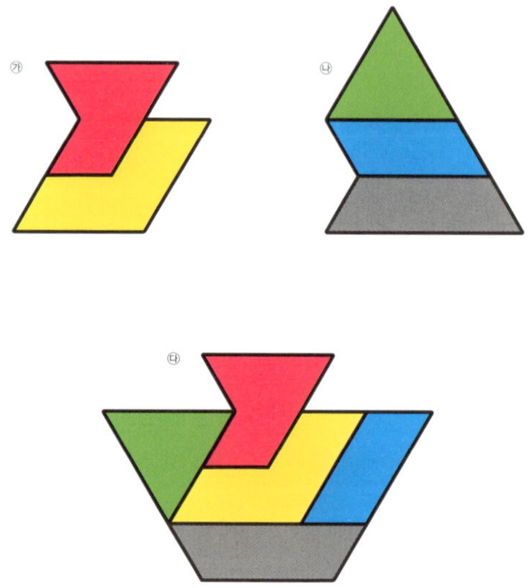


덧셈식 : 4 + 4 + 5 + 5 + 6 = 24



p.16

## 6. 덧셈식 만들기 2

수와 연산

㉮, ㉯에서 맞춘 조각을 사용하여 ㉰모양을 만들고 전체 크기를 덧셈식으로 써보세요.

덧셈식 : 2 + 3 + 5 + 6 + 6 + 6 = 28



p.17

덧셈식

㉮, ㉯에서 맞춘 조각을 사용하여 ㉰모양을 만들고 전체 크기를 덧셈식으로 써보세요.

덧셈식 : 2 + 4 + 4 + 5 + 5 + 5 + 6 = 31

## 제시된 방법 외에 다양한 답이 나올 수 있습니다.

p.18

### 7. 조건에 맞게 맞추기 2

도형

다음 모양을 조건에 맞게 맞추어 보세요.

크기가 4, 5, 6인 조각만 사용하기!

크기가 모두 다른 조각 사용하기!

p.19

모양 맞추기

다음 모양을 조건에 맞게 맞추어 보세요.

노란색 조각 꼭 사용하기!

크기가 3, 5인 조각만 사용하기!



p.20

### 8. 뺄셈식 만들기

수와 연산

제시된 조각으로 ㉮, ㉯, ㉰의 크기를 구하고, 뺄셈식을 써보세요.

보기

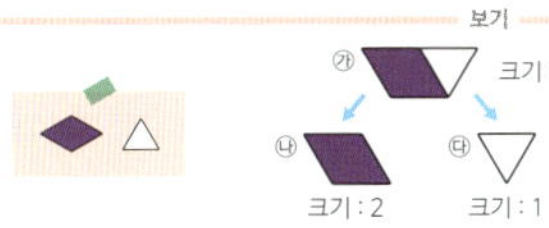


뺄셈식 : 3 - 1 = 2, 3 - 2 = 1

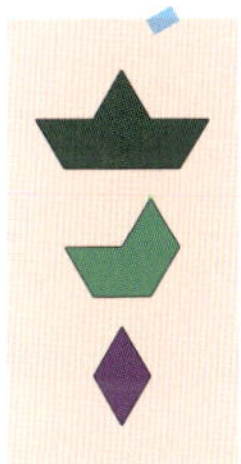

㉮

크기 12

㉯

크기 2

㉰

크기 10

12 - 2 = 10, 12 - 10 = 2



p.21

뺄셈식

제시된 조각으로 ㉮, ㉯, ㉰의 크기를 구하고, 뺄셈식을 써보세요.

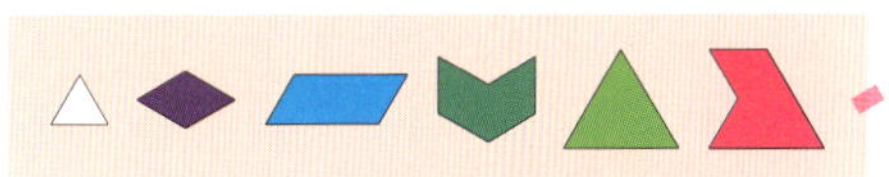

㉮

크기 20

㉯

크기 14

㉰

크기 6

20 - 14 = 6, 20 - 6 = 14

# 정답 제시된 방법 외에 다양한 답이 나올 수 있습니다.

p.22

9. 모양 맞추기 1

도형

다음 모양을 맞추어 보세요. 이때, 흰색 정삼각형은 사용하지 않습니다.

22 조이앤에듀 CHALLENGE STEP 2

p.23

모양 맞추기

다음 모양을 맞추어 보세요. 이때, 흰색 정삼각형은 사용하지 않습니다.

폴리아몬드 23

p.24

10. 모양 맞추기 2

도형

다음 모양을 맞추어 보세요. 이때, 흰색 정삼각형은 사용하지 않습니다.

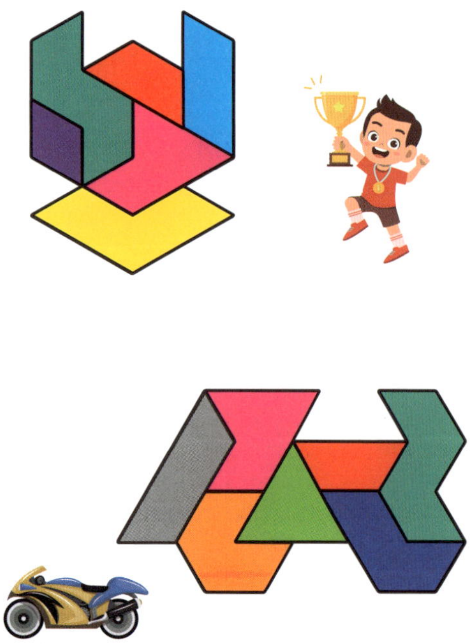

24 조이앤에듀 CHALLENGE STEP 2

p.25

모양 맞추기

다음 모양을 맞추어 보세요. 이때, 흰색 정삼각형은 사용하지 않습니다.

폴리아몬드 25

## 제시된 방법 외에 다양한 답이 나올 수 있습니다.

p.26

### 11. 조건에 맞게 맞추기 3

도형

다음 모양을 맞추어 보세요. 이때, 흰색 정삼각형은 사용하지 않습니다.

5조각

10조각

p.27

모양 맞추기

다음 모양을 맞추어 보세요. 이때, 흰색 정삼각형은 사용하지 않습니다.

10조각

9조각

p.28

### 12. 둘레 익히기

측정

주어진 조각의 둘레를 구해보세요.

도형을 둘러싼 선의 길이를 둘레라고 합니다.
정삼각형의 둘레는 3입니다.

둘레 : 4

둘레 : 5

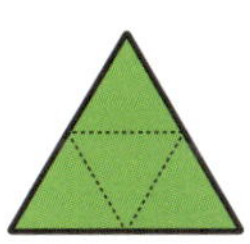

둘레 : 6

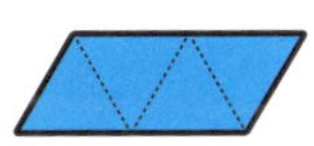

둘레 : 6

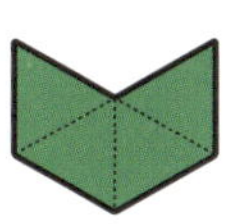

둘레 : 6

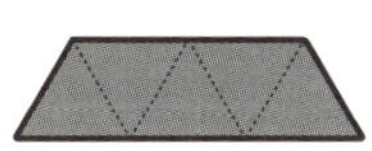

둘레 : 7



p.29

둘레 구하기

주어진 조각의 둘레를 구해보세요.

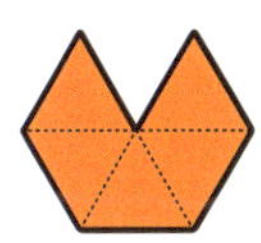

둘레 : 7

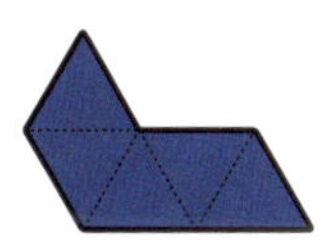

둘레 : 7

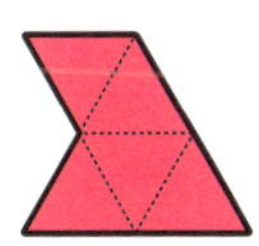

둘레 : 7

둘레 : 8

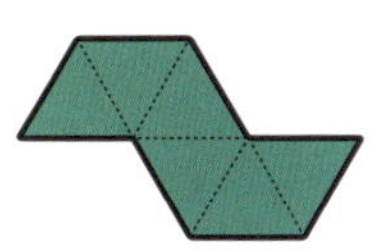

둘레 : 8

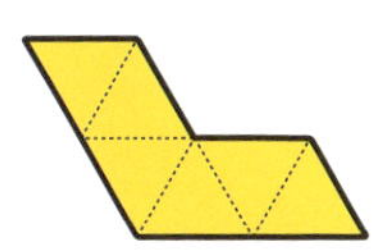

둘레 : 8

# 정답 제시된 방법 외에 다양한 답이 나올 수 있습니다.

p.30

## 13. 둘레 구하기 1

측정

다음 모양을 맞추고 모양의 둘레를 구해보세요.

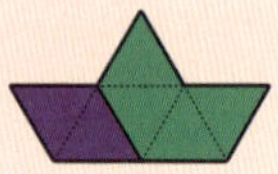

둘레 : 8

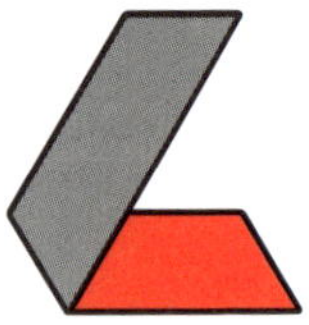

둘레 : 10

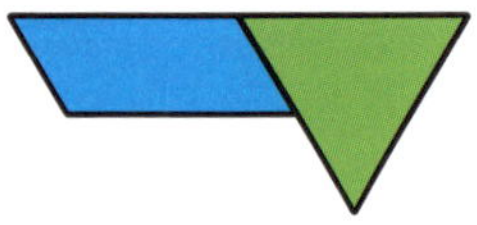

둘레 : 10

둘레 : 9

둘레 : 10



p.31

둘레 구하기

다음 모양을 맞추고 모양의 둘레를 구해보세요.

둘레 : 12

둘레 : 12

둘레 : 12



p.32

## 14. 둘레 구하기 2

측정

㉮, ㉯를 맞추고, 합쳐서 ㉰ 모양을 만들어 보고, 둘레를 구해보세요. 이때, 흰색 정삼각형은 사용하지 않습니다.

㉮

둘레 : 14

㉯

둘레 : 20



p.33

둘레 구하기

㉮둘레 + ㉯둘레 - 겹친부분길이 × 2로 도 구할 수 있습니다.

㉰

둘레 : 22

티칭 가이드 ㉰ 모양의 둘레를 구하는 방법에 대해 이야기를 해 보세요.

14 + 20 - 12 = 22

# 제시된 방법 외에 다양한 답이 나올 수 있습니다.

p.34

## 15. 길이와 크기 관계 알기

규칙성

흰색 정삼각형의 크기를 1이라고 약속합니다. 평행사변형을 맞추고 처음 평행사변형보다 몇 배 커졌는지 빈칸을 채워보세요.

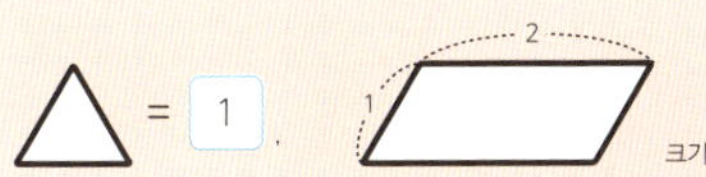


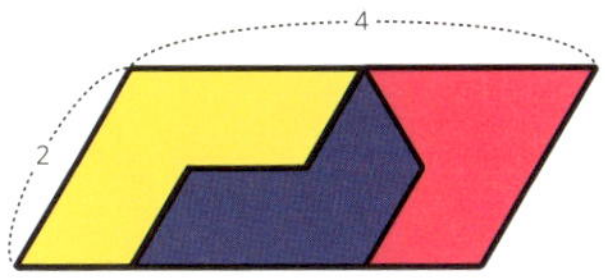


크기 16

길이는 2 배, 크기는 4 배 커졌습니다.

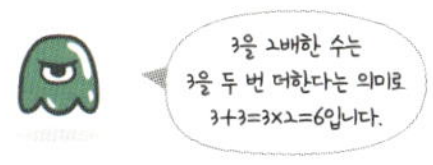


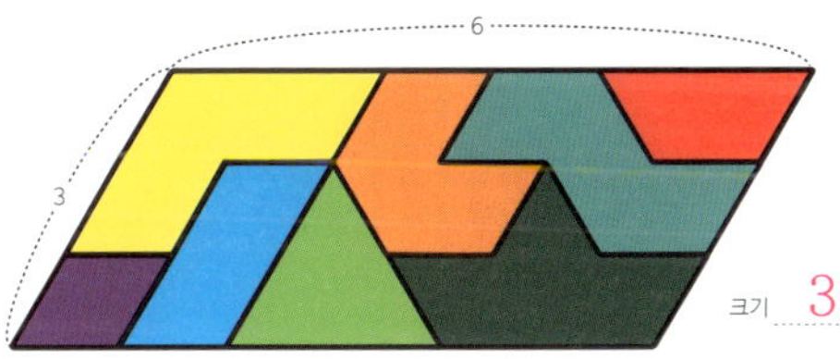


크기 36

길이는 3 배, 크기는 9 배 커졌습니다.



p.35

길이와 크기 관계

사다리꼴을 맞추고 처음 사다리꼴보다 몇 배 커졌는지 빈칸을 채워보세요.

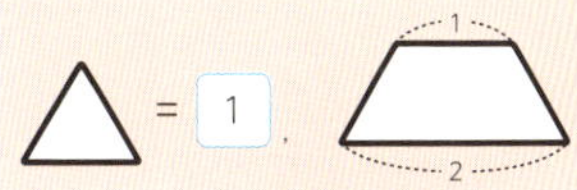


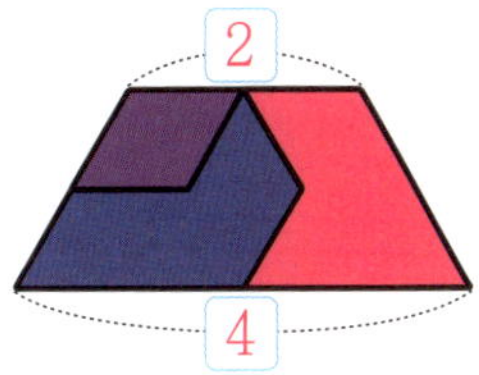


크기 12

길이는 2 배, 크기는 4 배 커졌습니다.

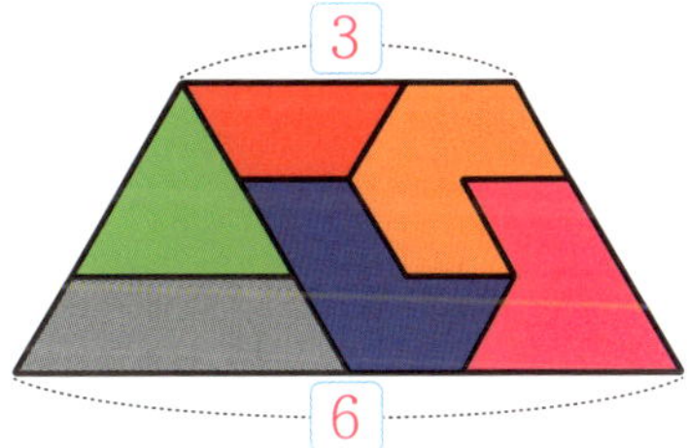


크기 27

길이는 3 배, 크기는 9 배 커졌습니다.



p.36

## 16. 폴리아몬드 로직 1

규칙성

규칙에 맞게 폴리아몬드 조각을 찾아 그려보세요.

**규칙**
1. 각 화살표 별로 위쪽, 왼쪽, 아래쪽이라고 약속합니다.
2. 각 원안의 숫자는 화살표 방향으로 색칠되어있는 칸의 수입니다.

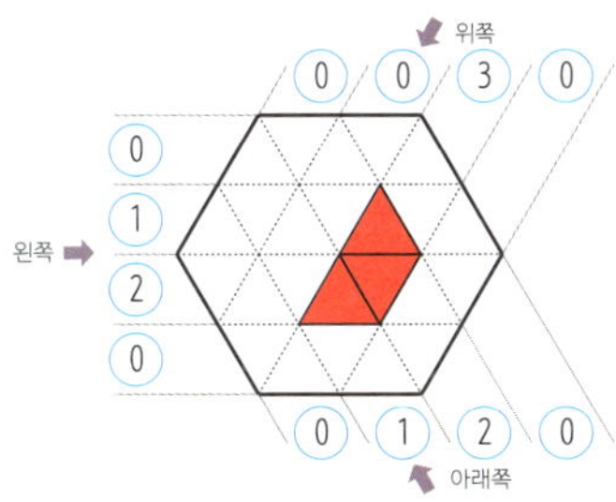


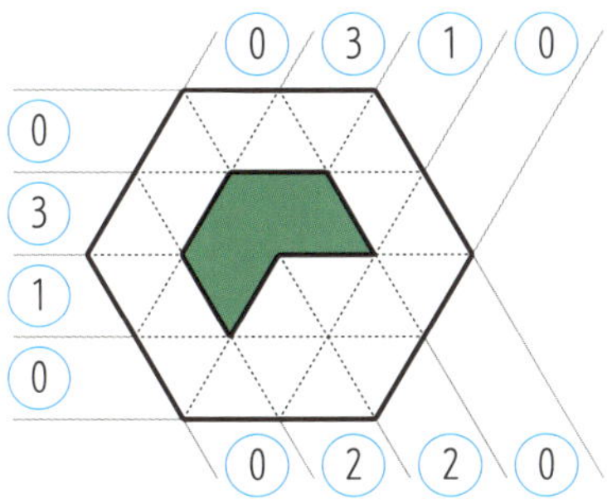




p.37

문제해결

규칙에 맞게 폴리아몬드 조각을 찾아 그려보세요.

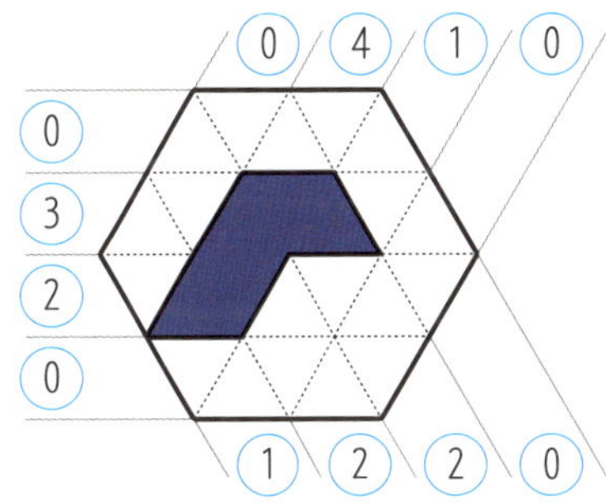


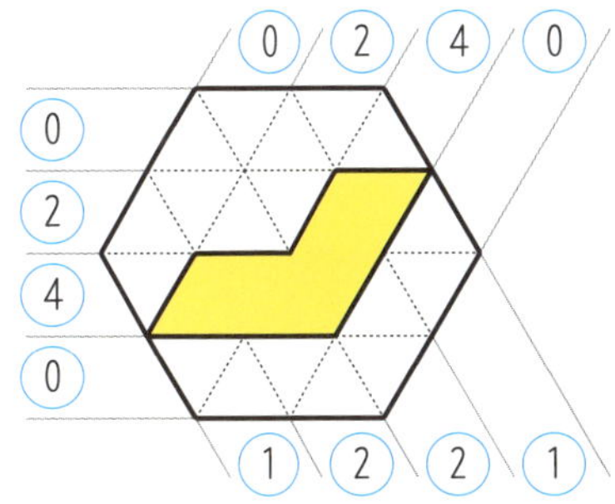

# 정답 제시된 방법 외에 다양한 답이 나올 수 있습니다.

p.38

## 17. 폴리아몬드 로직 2

규칙성

규칙에 맞게 폴리아몬드 조각을 찾아 그려보세요.

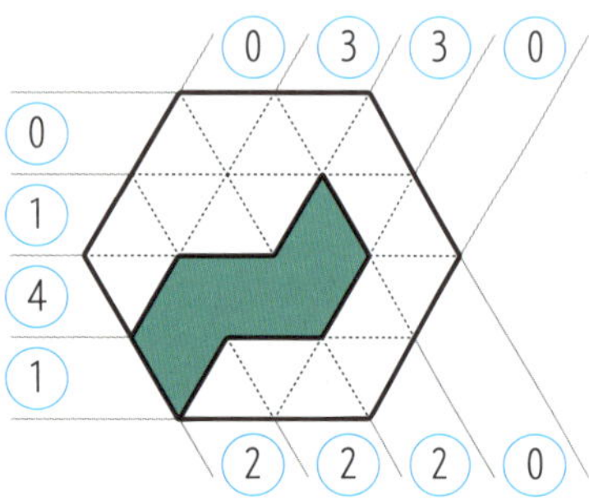


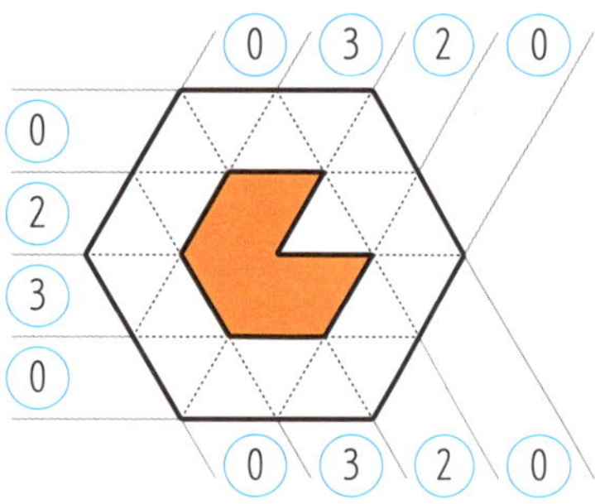




p.39

문제해결

규칙에 맞게 폴리아몬드 조각을 찾아 그려보세요.

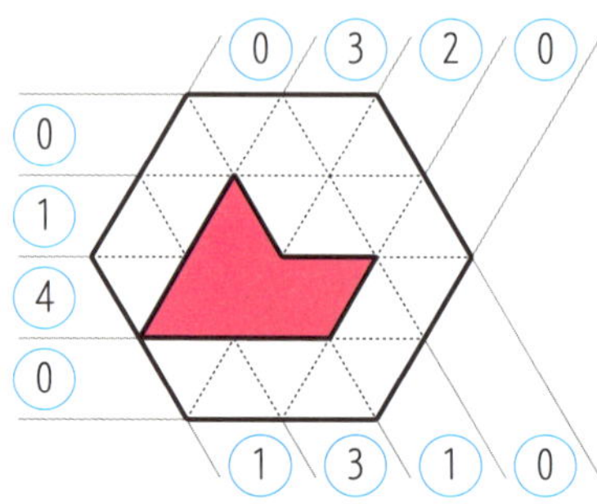


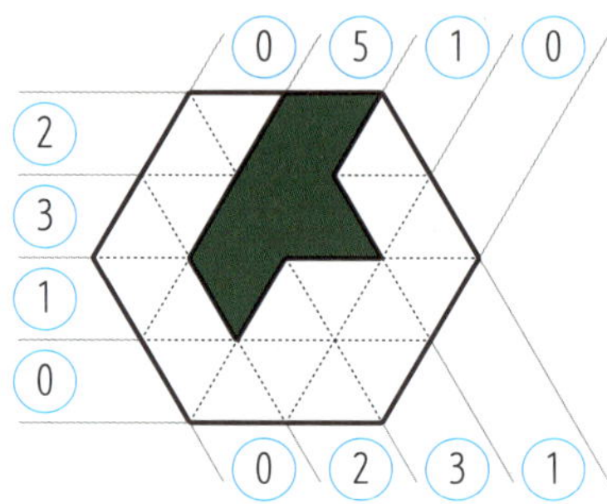




p.40

## 18. 폴리아몬드 로직 3

규칙성

규칙에 맞게 폴리아몬드 조각을 찾아 그려보세요.

**규칙**

1. 제시된 조각을 사용합니다.
2. 주어진 조각끼리는 변끼리 만나지 않습니다.

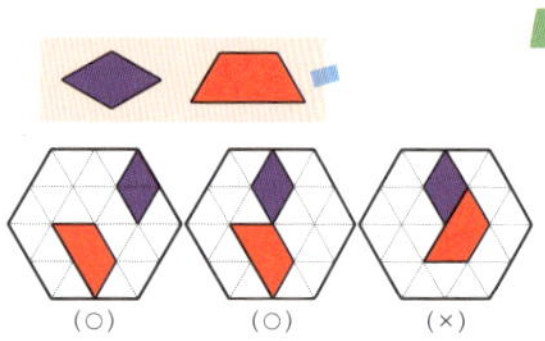


3. 각 원안의 숫자는 화살표 방향으로 색칠되어있는 칸의 수입니다.

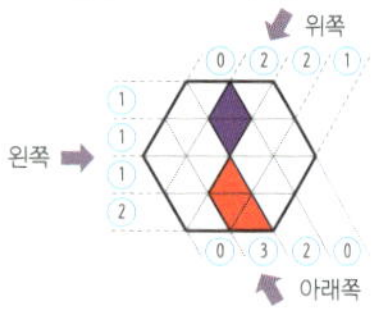


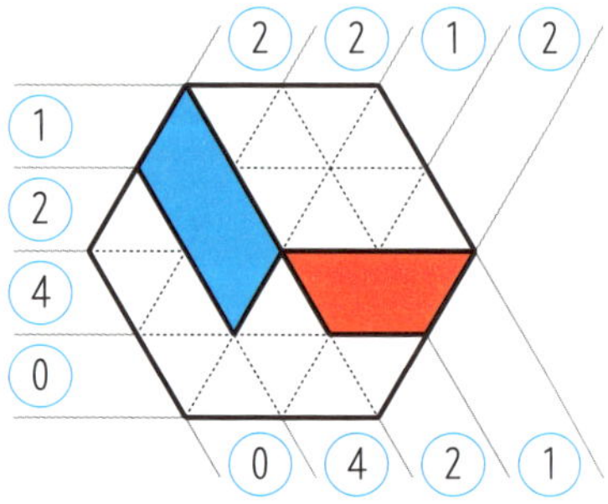




p.41

문제해결

규칙에 맞게 폴리아몬드 조각을 찾아 그려보세요.

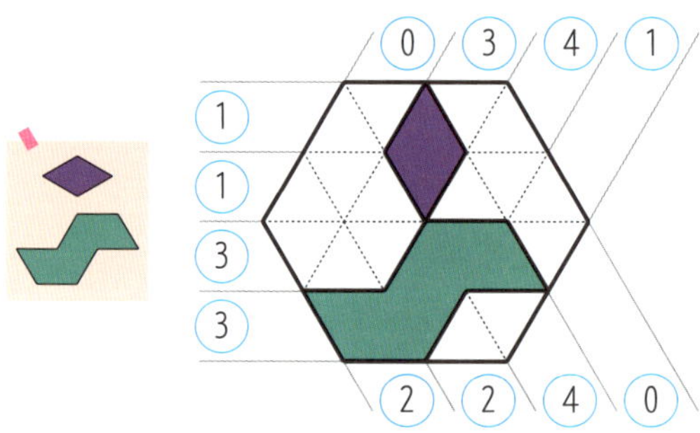


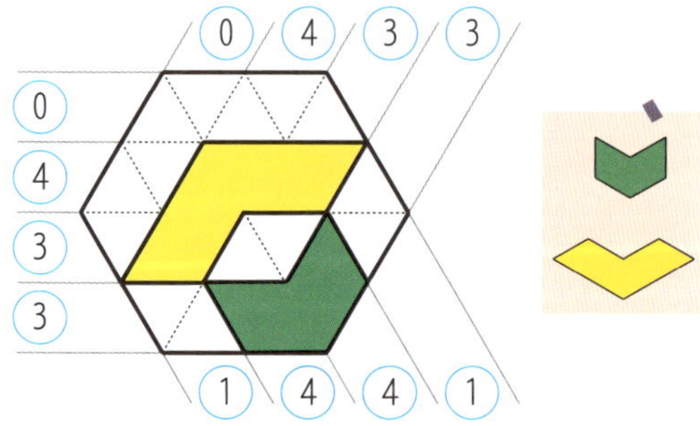

## 제시된 방법 외에 다양한 답이 나올 수 있습니다.

p.42

### 19. 모양 맞추기 3

도형

다음 모양을 맞추어 보세요. 이때, 흰색 정삼각형은 사용하지 않습니다.

검정색으로 칠해진 곳에는 조각을 놓지 않아~

42 CHALLENGE STEP 2

p.43

모양 맞추기

다음 모양을 맞추어 보세요. 이때, 흰색 정삼각형은 사용하지 않습니다.

폴리아몬드 43

p.44

### 20. 모양 맞추기 4

도형

다음 모양을 맞추어 보세요. 이때, 흰색 정삼각형은 사용하지 않습니다.

44 CHALLENGE STEP 2

p.45

모양 맞추기

다음 모양을 맞추어 보세요. 이때, 흰색 정삼각형은 사용하지 않습니다.

폴리아몬드 45

MEMO